Boris Cyrulnik y Marie Anaut (*Coords.*)

Resiliencia y adaptación

Colección
Psicología / Resiliencia

Otros títulos de Boris Cyrulnik
publicados en Gedisa:

Los patitos feos

La resiliencia: una infancia infeliz no determina la vida

Bajo el signo del vínculo

Una historia natural del apego

Del gesto a la palabra

La etología de la comunicación en los seres vivos

Me acuerdo...

El exilio de la infancia

El murmullo de los fantasmas

Volver a la vida después de un trauma

Autobiografía de un espantapájaros

Testimonios de resiliencia: el retorno a la vida

Las almas heridas

*Las huellas de la infancia, la necesidad del relato
y los mecanismos de la memoria*

¿Por qué la resiliencia?

Lo que nos permite reanudar la vida

Resiliencia y adaptación

*La familia y la escuela como
tutores de resiliencia*

Boris Cyrulnik y Marie Anaut (*Coords.*)

Título original en francés:
Résilence. De la recherche à la practique
© 2014 Odile Jacob

© De la traducción: Alfonso Díez
Corrección: Rosa Rodríguez Herranz

Cubierta: Juan Pablo Venditti

Primera edición: mayo de 2018, Barcelona

Derechos reservados para todas las ediciones en castellano

© Editorial Gedisa, S.A.
Avda. Tibidabo, 12, 3º
08022 Barcelona (España)
Tel. 93 253 09 04
Correo electrónico: gedisa@gedisa.com
http://www.gedisa.com

Preimpresión:
Moelmo, S.C.P.
www.moelmo.com

ISBN: 978-84-16572-73-1
Depósito legal: B.7381-2018

Impreso por Sagrafic

Impreso en España
Printed in Spain

Índice

Promoción de la resiliencia en las escuelas de educación especial

Rosa Mateu Pérez, Mónica García Renedo, Raquel Flores Buils, José Manuel Gil Beltrán y Antonio Caballer Miedes

Introducción

El principal escenario en el que se desarrolla la resiliencia —entendida como proceso generado por las personas que afrontan situaciones de adversidad y que les permite reforzarse y adquirir un aprendizaje mediante la experiencia— incluye dos de las principales instituciones de socialización: la familia y la escuela.

En cada una de ellas, hemos encontrado una figura importante que promueve el desarrollo socio-emocional de los niños: la de los padres y la de los docentes, respectivamente. Estos últimos son particularmente esenciales cuando se trata de centros de educación especial, cuyos alumnos son niños que padecen diversos tipos de discapacidad (sordera y ceguera, autismo, retraso mental). Considerando sus factores naturales de riesgo, es esencial que los docentes se conviertan en tutores de resiliencia (Cyrulnik, 1999). Los guías o tutores de resiliencia son personas que, en situaciones traumáticas o nocivas, dan seguridad a los niños, les ayudan a superar la adversidad y les enseñan estrategias para desarrollar sus fuerzas y sus competencias. Los tutores/guías de resiliencia pueden proporcionar a los alumnos y a sus familias una sensación de seguridad, les aportan ayuda y consejos, además de enseñarles estrategias en situaciones de adversidad o traumáticas, especialmente en la dimensión afectiva y emocional. Por este motivo, es crucial que los docentes posean las estrategias y competencias apropiadas para que puedan ser una fuente adecuada de soporte emocional.

A partir de esta idea —y tras la aplicación positiva en dos escuelas de Castellón (España) del programa de formación sobre la resiliencia titulado «Hacia una escuela resiliente: resiliencia y sufrimiento en el contexto educativo», cuyo objetivo era proporcionar a los docentes herramientas y estrategias destinadas a favorecer la resiliencia en las escuelas y ofrecerles orientación para actuar frente a un acontecimiento traumático—, el Observatorio Psicosocial de Recursos en Situaciones de Desastre (OPSIDE) de la Oficina de Cooperación con el Desarrollo y la Solidaridad (OCDS) consideró necesario reproducir estas experiencias mediante la aplicación de dicho programa de formación en el Colegio de Educación Especial La Encarnación (Torrent, Valencia), después de que los docentes de esta escuela y el CEFIRE (Torrent, Valencia) solicitaran su desarrollo en este centro educativo.

A continuación, mostraremos el proceso que se siguió para llevar a cabo el proyecto.

Programa de formación: experiencia previa

El programa de entrenamiento sobre resiliencia fue implantado inicialmente en dos escuelas de Castellón, con un total de

Tabla 1. Contenidos estudiados durante el curso

	CONTENIDOS
Bloque I. Resiliencia: concepto, modelos y guías o tutores de resiliencia.	− El concepto de resiliencia. − De la dificultad al desafío. Psicología positiva. − Modelo de resiliencia. − Guías y constelaciones de la resiliencia para los niños. − Tutores de resiliencia. El papel de los docentes.
Bloque II. Protección y factores de riesgo: competencias individuales de resiliencia.	− Factores de riesgo y de protección. − Cualidades individuales de las personas resilientes. − Escuelas resilientes. − Trabajar las cualidades individuales de la resiliencia en clase. Recursos. − Inteligencia emocional.
Bloque III. Sufrimiento y resiliencia: líneas directivas a seguir ante un acontecimiento traumático.	− Mitos y hechos sobre los niños y la muerte. − Desarrollo del concepto de muerte en los niños. − Reacciones a la pérdida de un ser querido. − Papel de los docentes frente a situaciones traumáticas en la escuela. Orientaciones generales.

35 docentes de escuelas primarias y parvularios, que trabajaban en diversos niveles educativos y con distintos tiempos de experiencia en la enseñanza.

El objetivo de este programa era proporcionar a los docentes herramientas y estrategias que les permitieran promover la resiliencia en su clase y, de este modo, darles guías de comportamiento para actuar ante un acontecimiento traumático y así poder comportarse como «tutores o guías de resiliencia». Este programa duró 30 horas, con sesiones teóricas y sesiones prácticas constituidas por actividades en grupo o individuales. La tabla 1 resume el contenido del programa.

Con el fin de evaluar el programa de formación, concebimos un cuestionario formado por 42 puntos que contienen información sobre los recursos internos y externos utilizados por los docentes, en relación con su práctica profesional y con la promoción de la resiliencia. De entrada, evaluaba las convicciones de los docentes (20 puntos) y los contenidos en relación con los diferentes aspectos de la resiliencia (10 puntos); luego, evaluaba los recursos de los docentes (12 puntos). La escala de puntuación era del tipo Likert, de 0 (nunca) a 4 (siempre); los docentes debían indicar su nivel de acuerdo respecto a cada punto. Para analizar nuestros datos, utilizamos el programa SPSS (vs19) y llevamos a cabo un estudio no paramétrico utilizando los test de Wilcoxon.

Los resultados muestran que hay diferencias significativas y que hay, a la vez, un aumento en las creencias respecto a las contribuciones a los estudios de resiliencia ($z = -2,331$; $p \leq 0,020$), los contenidos de la resiliencia y los recursos desarrollados por parte de los docentes para favorecer la resiliencia en las escuelas ($z = 4,202$; $p \leq 0,000$) antes y después del establecimiento de nuestro programa. Teniendo en cuenta todos estos resultados, consideramos que el programa cumplió con su objetivo y esperamos poder implantarlo en otros centros.

Aplicación del programa de los docentes de La Encarnación

Análisis del centro de educación especial y concepción del programa

El CEFIRE de Torrent y algunos docentes del Centro de Educación Especial La Encarnación nos animaron a implantar el mismo programa de formación en un centro de educación especial. Como creíamos que las características que podríamos encontrar aquí serían muy diferentes de las necesidades de un centro de educación ordinaria, en primer lugar decidimos realizar un análisis preliminar de las necesidades. Todo ello con el fin de reforzar los contenidos del mencionado programa «Hacia una escuela resiliente: resiliencia y sufrimiento en el contexto educativo» que podrían resultar interesantes para ellos o que podrían ayudarles a mejorar su formación.

Nuestro equipo elaboró un cuestionario de 17 puntos que reunía información sobre las características de los alumnos, su formación anterior, el modo en que se las arreglaban antes con la resiliencia en el aula y los contenidos que deseaban abordar durante las sesiones de formación. Este cuestionario se entregó a la dirección acompañado de una carta dirigida a cada docente para explicarle los objetivos del curso.

Después de analizar el cuestionario sobre la detección de necesidades, descubrimos que:

- Los niños discapacitados con los que trabajaban los docentes presentaban características muy variadas: autismo, retraso mental (moderado y grave), síndrome de Down, trastornos profundos del desarrollo, problemas de visión y sordera, parálisis cerebral, dificultad para desplazarse, discapacidades graves múltiples y discapacidades psicológicas con patologías asociadas.
- El número de alumnos por aula era diferente en cada nivel, desde cinco alumnos en las clases con niños con grandes dificultades hasta ocho —la única excepción era una clase de educación primaria en la que había 18 alumnos—.
- En clase, además de los tutores, podemos señalar el importante papel de los educadores, de los logopedas, los fisioterapeutas, los médicos y los educadores especializados (educación auditiva, del lenguaje y física).

- Trabajaban en los niveles de preescolar, primaria, secundaria y transición a la vida adulta.
- De los 25 docentes del centro (educadores, logopedas, médicos, psicólogos, fisioterapeutas y monitores), tan sólo cinco habían recibido formación previa sobre el tema.
- Los contenidos en los que deseaban profundizar eran: la comunicación con las familias, la gestión de situaciones traumáticas, los recursos internos para los docentes y el trabajo de las competencias individuales de resiliencia en los niños. En estos dominios, los docentes creían tener menos recursos.
- Las competencias individuales sobre la resiliencia que querían trabajar en clase con sus alumnos eran: autonomía, competencias sociales, flexibilidad y adaptación al cambio, autoestima.
- Entre las otras cuestiones que los docentes querían que fueran tratadas en el curso, estaban: los recursos de una clase, los problemas en relación a las familias, el trabajo sobre el optimismo, la interacción entre profesionales, la motivación del alumno, la tristeza de los alumnos y las competencias para comunicarse con las familias.

La tabla 2 muestra, mediante porcentajes, los contenidos más valorados respecto a la mejora de la formación de los docentes. En cuanto a la tabla 3, muestra los recursos que los docentes querían desarrollar en su formación, al considerar que su nivel actual era demasiado bajo.

A partir de estos resultados —e intentando hacer coincidir nuestra formación con sus necesidades inmediatas— añadimos un módulo especialmente concebido para observar la aplicación práctica de la promoción de la resiliencia en un centro de educación especial a los módulos trabajados con otros centros. Por otro lado, en el segundo módulo hicimos un énfasis especial en la resiliencia en familia, y también en ciertos aspectos con ella

Tabla 2. Contenidos mejor valorados respecto a la mejora de la formación.

Contenidos mejor valorados respecto a la mejora de la formación:
34,4% comunicación con las familias: recursos a trabajar con las familias que se enfrentan a situaciones adversas o traumáticas.
31,3% recursos internos de la educación.

Tabla 3. Recursos que la formación debería favorecer.

Se encontraban poco preparados para:
46,9% comunicarse con las familias: recursos para trabajar con las familias que se enfrentan a situaciones adversas o traumáticas.
37,5% situaciones traumáticas.

relacionados (roles, resultados de la investigación, etcétera). Más específicamente, integramos talleres de trabajo en los que se incluían aspectos como las competencias de comunicación de la familia, los recursos internos de los docentes (gestión del estrés y espíritu deportivo), el proceso del sufrimiento en los docentes (cuando se enfrentan a la muerte de un niño) y el modo de reforzar las características individuales de resiliencia de cada profesional. En el primer módulo, consagrado a la aplicación práctica, analizamos cómo puede aprovechar un centro la información y los recursos existentes para promover una escuela resiliente.

En la formación participaron 25 docentes de todos los niveles educativos, incluyendo el equipo directivo de la escuela, el psicólogo y el fisioterapeuta. Los contenidos se desarrollaron mediante sesiones teóricas y prácticas que incluían tanto trabajo en equipo como actividades individuales, además de talleres prácticos en forma de juegos de rol. Al mismo tiempo, se desarrolló una educación virtual a través de la plataforma virtual

Moodle, utilizada en la Universidad Jacques-I (UJI). El proceso de formación duró un año.

Evaluación de la formación

Con el objetivo de evaluar si el programa de formación llevado a cabo tuvo algún efecto positivo en los docentes que participaron en el mismo, realizamos un estudio que se explicará seguidamente con todo detalle.

Metodología

- Participantes: aunque el número inicial de participantes en el curso fue de 25 (entre docentes, educadores y terapeutas del centro de educación especial), para la evaluación de nuestra formación sólo pudimos tener en cuenta a 18 docentes, porque siete de ellos fueron considerados «no válidos» al no haber llevado a cabo el conjunto de las etapas de nuestro análisis. En cuanto a la muestra, el 33% enseñaba en el nivel preescolar, el 27,8% en primaria, el 5,6% en secundaria y el 33,3% en los grupos del período de transición a la vida adulta. La edad media era de 40,11 años (SD = 9,022) y la media de experiencia profesional era de 16,15 años (SD = 9,74).
- Procedimiento: nuestro equipo de investigación creó un cuestionario. Fue distribuido en dos momentos diferentes: antes y después del curso.
- Herramientas de evaluación: empleamos dos herramientas diferentes para evaluar el programa de formación. Primero, un cuestionario concebido por nuestro equipo que consta de 42 elementos, con información sobre los recursos internos y externos en relación a la práctica docente, además de la pro-

moción de la resiliencia. Este cuestionario evaluaba, por un lado, las convicciones de los docentes (20 puntos) y, por otro lado, ciertos aspectos en relación a la resiliencia (10 puntos). Además, tenía en cuenta los recursos de los docentes (12 puntos). Utilizamos la escala de Likert, de 0 (nunca) a 4 (siempre), respecto a la cual los docentes debían indicar su nivel de acuerdo para cada punto. A continuación, la tabla 4 muestra la herramienta de evaluación utilizada para analizar a la vez contenidos y recursos en relación a la resiliencia.

Tabla 4. Herramienta de evaluación usada para analizar los contenidos y los recursos en relación a la resiliencia.

PUNTOS BASADOS EN LA CREENCIA
Los individuos pueden volverse más fuertes cuando hacen frente a una situación traumática.
Una infancia infeliz lleva a una vida adulta con problemas.
Me parece importante ofrecer soporte emocional a mis alumnos.
Creo que soy un recurso de apoyo para mis alumnos.
Me parece importante desarrollar técnicas de relajación en la escuela.
Creo que es importante gestionar las emociones en clase.
Me parece importante trabajar la concentración mental y la meditación en las escuelas.
Soy un ejemplo para mis alumnos.
Una persona que haya superado un trauma es capaz de superar cualquier situación.
Cuando una persona supera un trauma, las cicatrices emocionales desaparecen.
Para superar una situación adversa, tan sólo necesitamos nuestras fuerzas personales.
Creo que conocer la resiliencia y sus características ha generado nuevas fuerzas en mi vida.
Es importante trabajar con las emociones positivas en la escuela.
Es importante trabajar con las emociones negativas en la escuela.
Creo que la promoción de la resiliencia depende sólo de las familias.

(Continúa en página siguiente.)

Puntos basados en la creencia
Creo que las familias deberían estar formadas en aspectos de la resiliencia.
Creo que la resiliencia se puede promover.
Creo que conocer la resiliencia y sus características genera más fuerza en mis alumnos.
Para mejorar el trabajo de mis alumnos, creo que es importante reforzar las cualidades individuales de resiliencia.
Para mejorar el trabajo de mis alumnos, creo que es importante reforzar la inteligencia social y emocional en clase.
Puntos basados en los recursos
Tengo recursos para hacer frente a una situación adversa.
Tengo recursos para desarrollar el humor en clase.
Tengo recursos para desarrollar la iniciativa en clase.
Tengo recursos para desarrollar la autoestima en clase.
Tengo recursos para desarrollar la relajación en clase.
Tengo recursos para desarrollar la meditación y la concentración mental en clase.
Tengo recursos para desarrollar la inteligencia social y emocional en clase.
Tengo recursos para desarrollar la empatía en clase.
Tengo herramientas para aconsejar a los padres frente a la muerte de un ser querido.
Conozco los recursos que hay que utilizar para enfrentarse a la muerte en clase.
Tengo recursos para desarrollar la creatividad en clase.
Tengo recursos para desarrollar la resiliencia con las familias.

En segundo lugar, concebimos un cuestionario utilizado por parte de los docentes para evaluar su nivel de satisfacción con el programa de formación y su actividad docente. Empleamos una escala de Likert, de 1 (muy insatisfecho) a 5 (muy satisfecho), y los docentes debían indicar su nivel de satisfacción respecto a cada uno de los elementos.

• Análisis de datos: para analizar los datos reunidos, utilizamos el programa SPSS v19.

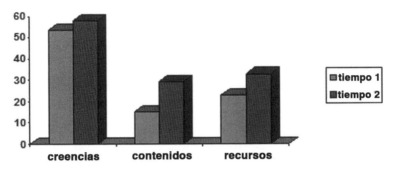

Figura 1. Variaciones de creencias, contenidos y recursos.

Resultados

Para evaluar los resultados de la aplicación del programa de formación, se llevó a cabo un estudio no paramétrico, en concreto un test de Wilcoxon. Mostramos sus resultados en la figura 1.

Como muestra la figura 1, hay diferencias significativas respecto a las creencias ($z = -2{,}489$; $p \leq 0{,}013$), los contenidos ($z = -3{,}486$; $p \leq 0{,}000$) y los contenidos ($z = 3{,}519$; $p \leq 0{,}000$) antes y después de la implantación del programa. Estos resultados indican que la implantación del programa de formación ayudó a los participantes a aumentar sus conocimientos sobre la resiliencia, en términos de contenidos y recursos, y que sus creencias se acercaban a lo que ya había sido previsto por otros estudios sobre la resiliencia.

Respecto al nivel de satisfacción de los docentes durante el curso, la figura 2 muestra la evaluación global del curso. En cambio, la figura 3 muestra la evaluación de la docencia.

Como se observa en las dos figuras, la satisfacción fue elevada y la media iba de 4,1 (calendario) a 4,81 (evaluación global y motivación de los docentes), siendo 5 el valor máximo que se podía alcanzar.

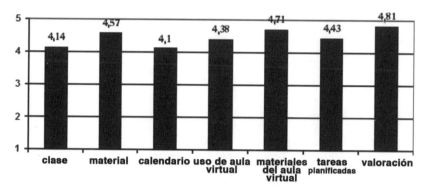

Figura 2. Evaluación global del curso.

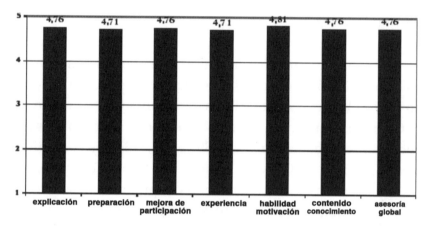

Figura 3. Evaluación de la docencia.

Conclusiones

Los estudios sobre la resiliencia muestran la importancia del refuerzo del individuo, de la familia y de la comunidad con el fin de mejorar los procesos de resiliencia (Grotberg, 1995; Milstein y Henry, 2000; Henderson y Milstein, 2003; Suárez, 2004). En vista de los estudios precedentes, consideramos que es importante introducir el concepto de resiliencia en el seno de las familias para que éstas puedan desarrollar sus recursos internos y externos, intentando promover y gestionar procesos de resiliencia. En consecuencia, creemos que las futuras líneas de investigación de este centro se basarán en el estímulo a los docentes para poner en práctica un programa destinado a reforzar la resiliencia de la familia.

La primera etapa arrancó tras haberse completado el programa de formación de docentes y consistió en desarrollar un taller con las familias titulado «¿Cómo salir reforzado ante situaciones traumáticas?». Nuestro objetivo era doble. Por una parte, queríamos compartir nuestro conocimiento sobre la resiliencia, las crisis familiares y las herramientas de ayuda. Por otra, queríamos crear un punto de encuentro para que las familias pudieran reunirse y compartir sus experiencias con otras familias que pasaran por las mismas situaciones. Aunque obtuvimos una buena respuesta respecto a nuestro taller, deberíamos seguir trabajando en esta línea de investigación con el fin de favorecer más procesos de resiliencia en todos los miembros de la comunidad educativa.

Referencias

Cyrulnik, B. (1999). *Un merveilleux malheur*, Odile Jacob, París.

Grotberg, E. (1995). *A Guide to Promoting Resilience in Children: Strenghening the human spirit, The International Resilience Project*, Bernard van Leer Foundation, La Haya.

Henderson, N. y Milstein, M. (2003). *Resiliencia en la escuela*, Paidós, Buenos Aires.

Milstein, M. y Henry, D. A. (2000). *Spreading Resiliency: Making it Happen for Schools and Communities*, Corwin, Thousand Oaks.

Suárez, N. E. (2004). «Perfiles de resiliencia», en Suárez Ojeda, N.; Munist, M. y Kotliarenco, M., *Resiliencia. Tendencias y perspectivas*, Fundación Bernard van Leer y Ediciones de la UNLa, s/l.

Familias, psicosis, institución y corresiliencia

Stephan Hendrick y Jennifer Denis

Problemática

¡Ayudar a las personas en dificultades es difícil! ¡Aliviar el sufrimiento de un psicótico es algo que no se puede conseguir sin el sufrimiento del personal sanitario! Sí, además, de acuerdo con Boris Cyrulnik, consideramos que la resiliencia es un neodesarrollo tras una agonía psíquica, entonces esto concierne también a los pacientes psicóticos cuyas vivencias psicóticas —con su cortejo de angustias de muerte, de fragmentación del yo o de escisión psíquica— reflejan un enfrentamiento con la muerte, aunque sea de una naturaleza distinta de aquella a la que se exponen las víctimas de estrés postraumático. Pero ellos no son los únicos afectados.

En efecto, pacientes, familias y equipos médicos tejen juntos los lazos que, cuando son bien gestionados, constituyen palancas terapéuticas. Y, al contrario, estos lazos, cuando están sometidos al sufrimiento, a menudo corren el riesgo de generar complicaciones que es importante prever.

Algunas de estas complicaciones son el resultado de especificidades de los entornos humanos enfrentados a la experiencia psicótica. El equipo, si no adopta una posición defensiva, poco terapéutica, se verá expuesto a situaciones y a dificultades que deberá superar con el paciente y su familia. Se trata de una experiencia de resiliencia colectiva o de *corresiliencia*. De eso trataremos aquí.

Algunos equipos consiguen crear nuevas formas relacionales constructivas, evolutivas, mientras que otros zozobran, con los pacientes y las familias, entre la desesperación, la desorganización y, a veces, la destructividad traumática. En estos casos, hay fundamento suficiente para hablar de *sufrimiento psíquico compartido*.

Sufrimiento psíquico compartido

El sufrimiento en los procesos relacionales

Ayudar a personas en dificultades es difícil, esto parece obvio. La noción de «sufrimiento psíquico compartido» describe la idea de que el paciente jamás sufre solo, ya que primero su entorno y luego también los equipos de personal sanitario pueden sufrir.

Lo revelan los estudios y conceptos tales como el *burn-out* o el «trauma vicario», el «estrés de compasión», la «traumatización vicaria» y la «resiliencia vicaria» (Sabin-Farrell y Turpin, 2003; Figley, 2002; Hernández *et al.*, 2007), pero también el *rechazo*[1] de los pacientes por parte del personal (Kreisman *et al.*, 1979; Shefler *et al.*, 1995; Levy *et al.*, 2004).

---

1. El rechazo del equipo ha sido estudiado, sobre todo, con la *patient rejection scale* (PRS). Se trata de una escala de autoevaluación que conceptualmente solapa los componentes «hostilidad» y «crítica» durante las medidas de las EE (emociones expresadas).

Figley (2002) define el estrés de compasión como «el conjunto de emociones y comportamientos normales resultantes del conocimiento de un acontecimiento traumático que sufre otro, de la ayuda proporcionada o del deseo de ayudar a una persona traumatizada o que sufre». Hernández *et al.* (2007) dan un paso más y describen dos procesos antagónicos: la traumatización vicaria y la resiliencia vicaria. El primero es un fenómeno relativamente bien estudiado, aunque controvertido, y describe el efecto sobre el entorno del hecho de tratar con una persona víctima de un trauma. Esta idea es cercana a conceptos tales como la «traumatización secundaria» o la fatiga de compasión. La fatiga de compasión es frecuente en los profesionales que se hacen cargo de las víctimas (bomberos, personal de urgencias, equipos hospitalarios).

El segundo fenómeno —la resiliencia vicaria— ha sido aún poco estudiado. Se trata aquí de examinar la hipótesis según la cual ciertos terapeutas aprenden a hacer frente mejor a la adversidad mediante el simple contacto con personas «resilientes». Entre las estrategias que impresionaron favorablemente a los terapeutas interrogados por Hernández *et al.* (2007), destacamos: la aceptación de la situación traumática, la capacidad de proyectarse hacia el futuro, la aptitud de apoyarse en la familia, la posibilidad de ejercer un cierto control, el esclarecimiento de lo ocurrido o la capacidad para relativizar las propias dificultades. El estudio de Hernández no permitió explicar las razones que permiten a un profesional sanitario encaminarse hacia una resiliencia vicaria en vez de hacia una traumatización vicaria.

Los autores sugieren dos parámetros importantes: el *grado de consciencia* del profesional ante el trauma y su *capacidad de actuar* sobre los efectos del trauma. Por ejemplo, un alto nivel de consciencia asociado a una incapacidad de actuar aumenta el riesgo de traumatización vicaria.

El contagio de los procesos relacionales

Otro impacto, situado a un nivel lógico superior, concierne a los procesos llamados «isomorfos», cuya naturaleza es dinámica y grupal. Este nivel no es muy mensurable, pero se puede describir. Al igual que en un fenómeno contagioso, la exposición continua a la psicosis conduce al equipo sanitario a la angustia, a modos de pensar, expectativas recíprocas y procesos relacionales similares a los que podemos encontrar en la familia del paciente.

A veces, la influencia es sutil. Por ejemplo, la familia se puede concentrar en ciertos temas de su historia y evitar otros. Y, cuando los terapeutas intentan abordar aspectos que no han sido tratados o incluso cuando aparentan no adoptar fielmente los puntos de vista de la familia, ésta puede reaccionar de forma muy disuasiva. Por ejemplo, el equipo se ve sutilmente amenazado con la ruptura del vínculo cuando se abordan vivencias difíciles. La amenaza llena de angustia de uno aviva la angustia del otro y así sucesivamente.

Otro tipo de influencia discreta: el equipo es tácitamente incitado a ayudar o a sustituir a ciertos miembros de la familia en ciertas tareas. Por ejemplo, una madre llama regularmente para comprobar que su hijo ha recibido una inyección, lo que hace desempeñar al equipo un rol de auxiliar de control de los pensamientos y los actos del paciente. No se trata aquí de estigmatizar a la familia. A menudo, este control se origina en un problema en los cuidados. Pero, con el tiempo, el control origina actitudes defensivas, a veces hostiles hacia el paciente. Entonces, se convierte en nocivo.

En algunos casos, estas actitudes prolongan actitudes de control ya presentes en la historia personal de los miembros de la familia de origen, perpetuando así formas de *paternidad* inhibida.

En un caso como en otro, cuando un equipo se convierte en auxiliar de estas actitudes, pierde su poder terapéutico y, al mismo tiempo, abandona su posición de tercero en la relación. El equipo se convierte en un apéndice en lugar de un compañero de la familia, cuyas respuestas respecto al paciente *imita*.

Hay que decir, en defensa de muchas familias, que cuanto más solas se las deja, sin la ayuda apropiada, más disfuncionales se vuelven y más se hunde entonces el paciente en su patología.[2] Del mismo modo, cuanto más se deteriora el paciente, más disfuncional se vuelve la familia y acaba dislocándose. Lo mismo vale para los equipos sanitarios. Cuanto más solos se les deja sin la ayuda apropiada, más…

En resumen, en esta dinámica relacional en la que un sistema terapéutico —un equipo psiquiátrico, en el caso que nos ocupa— adopta y repite los paradigmas interaccionales disfuncionales de algunas familias de pacientes se pone de manifiesto un proceso isomorfo.

Sufrimiento psíquico compartido en el caso de la psicosis y en ciertos *borderlines*

Tres fenómenos que describen el sufrimiento psíquico compartido específico de la psicosis y de ciertos *borderlines* nos llamaron la atención.

---

2. A menudo es la madre quien permanece leal durante más tiempo, a veces la única, lo cual indudablemente explica que haya sido acusada, erróneamente, de «madre psicotizante». Esto es profundamente injusto y totalmente falso, como lo demuestra el mecanismo que acabamos de describir.

La lucha contra la pérdida del impulso vital

Un buen número de psicóticos tienen tendencia a encerrarse en sí mismos para hundirse en pensamientos existenciales incomprensibles o en un vacío psíquico y un inmovilismo mortífero.

Según Winnicott (1974), parece que el sujeto psicótico no haya podido concebir la ilusión de que el mundo puede contener lo que él necesita y de que es capaz de crear una relación viva entre su realidad interna y la realidad exterior. Esta carencia rompe toda forma de impulso vital. Es inevitable que, debido al principio de «isomorfismo», esta pérdida del impulso vital acabe afectando a los miembros del equipo. Esta situación resulta en reacciones *defensivas* comprensibles, pero inapropiadas por parte del personal sanitario (Brémaud, 2010; Hochmann, 1981).

Según Racamier (citado en Hochmann, 1981): «Se trata de enfermos que nos recuerdan nuestra propia inanidad, que nos dan la impresión de ser completamente insignificantes». En estos momentos, todo lo que hacemos nos parece absurdo y tenemos la sensación penosa de ser incapaces, de ser negados, inexistentes, sin papel ni lugar en el sistema. Para protegerse de estos penosos afectos de inanidad, puede ser tentador incriminar al paciente —o a su familia— acusándolo de ser tóxico, peligroso, loco, etcétera. Por este motivo, en un equipo de psiquiatría crónica, es difícil establecer los cuidados necesarios. A los profesionales sanitarios les gustaría ver evolucionar los comportamientos *inadaptados* del psicótico. Pero las medidas que se toman tienen más por objetivo protegerse a sí mismos de los efectos que despierta el psicótico que cuidar de él.

Goy Gay-Croiser *et al.* (1997) denuncian una trampa similar. Así, el cuidador puede tratar de devolver al paciente a *la realidad*. Entonces *ajustará el marco*, tratará de que *atienda a la razón*, de *rectificar el rumbo*, de educar (Brémaud, 2010). A menudo, se obliga al paciente a hacer lo que espera el cuidador. Es una deriva similar a la que Hochmann (1981) había descrito con la expresión «activismo terapéutico». Esta defensa consiste en responder a la pasividad crónica y deprimente y a la pérdida de control. El equipo organiza y empieza muchas actividades para los pacientes. En consecuencia, éstos se encuentran más y más sobrecargados de actividades y se muestran más y más deprimidos. Satisfacen aún menos al equipo que *hace tantas cosas por ellos*. Entonces, se instala un círculo vicioso: la pasividad de los pacientes aumenta la actividad de los cuidadores, cosa que a su vez aumenta la pasividad de los primeros. Según el autor, este activismo es también una reacción a la impresión de estar invadido por el sujeto psicótico, para demostrarnos a nosotros mismos que no nos encontramos completamente sumergidos.

Escisión

Descrita al principio por los psicoanalistas, la «escisión» protege al yo de los conflictos disociando las percepciones con las que es insoportable convivir. Pero la escisión también puede afectar el funcionamiento de un equipo. El funcionamiento psíquico escindido del paciente y de la familia puede conducir, por isomorfismo, a un funcionamiento de equipo, a su vez, escindido. Todo ocurre como si «la desagregación de la mente se tradujera en una diseminación de los subsistemas […], existe un continuo de complejidades entre la organización del cuerpo, el cerebro, la psique, la persona, la familia nuclear y extensa, y las comunidades sociales, formales e informales» (Miermont, 2001).

Sin embargo, en realidad, una vida psíquica equilibrada implica la integración de las inevitables contradicciones que gobiernan el pensamiento y las acciones de las personas. El fracaso en esta integración obliga al sujeto a vivir en un *mundo* irreal o en dos *mundos* diferentes. Lo cual conduce, evidentemente, a comportamientos y reacciones inadaptadas e incomprensibles por parte del entorno.

Cousineau (1997) estima que las «reacciones emotivas» que se desencadenan en ciertos pacientes son tan intensas que pueden alterar gravemente la relación terapéutica. En concreto, causan reacciones extremas que conducen a «escisiones», observadas frecuentemente por parte de los equipos terapéuticos: una parte del personal acusa a los demás de ser demasiado complacientes o, viceversa, demasiado estrictos con el paciente. En este contexto, los *clínicos* tienden a responder de formas muy *polarizadas* (culpar o negar la responsabilidad del paciente). Estas respuestas son comprensibles cuando se tiene en cuenta el número y la gravedad de factores de estrés vinculados al tratamiento de estos pacientes.

Por lo tanto, la escisión de la familia puede inducir un funcionamiento escindido del equipo. Las percepciones de los distintos miembros del equipo se presentan como un puzle. Un profesional vive una versión de la realidad y otro profesional vive otra. A menudo, durante una reunión clínica se ve que algunos colegas han vivido cosas similares mientras que la experiencia de otros ha sido muy diferente, incluso contrapuesta.

Por su parte, Allen (2004) describe cómo los pacientes pueden librar a veces luchas por el poder con los profesionales. Los equipos multidisciplinarios, a menudo desgarrados por desacuerdos o hasta por luchas de poder, se encuentran con dificultades ante pacientes cuya escisión es una forma de ser habitual. Los equipos tienden entonces a sobrecargarse y a funcionar de forma incoherente: intervenciones contradictorias o fragmentarias, desacuerdos que se ocultan o conflictos encubiertos e insidiosos, o incluso conflictos abiertos, pero muy destructores.

Perturbaciones en la sincronía

Proponemos la definición siguiente del concepto de sincronía (*attunement*), inspirado en los trabajos de Daniel Stern (1989) y que hemos adaptado a las relaciones paciente-personal. La sincronía es un tipo de interacción basada en una cadena de ajustes conductuales y afectivos que van desde «el que proporciona cuidados» al que «recibe cuidados», y viceversa. Esta interacción resulta en una experiencia afectiva que organiza el pensamiento, los afectos y la conducta en caso de éxito del ajuste (sincronía) o, al contrario, es desestructuradora en caso de fracaso del ajuste (desincronía). La sincronía es la base sobre la cual se puede construir un espacio intersubjetivo.

Desde este punto de vista, los sujetos psicóticos se protegen apartándose de este espacio intersubjetivo. Este retiro defensivo es resultado, según Winnicott (1974), de experiencias precoces en las que, por distintos motivos, el bebé ha experimentado una *invasión* del yo. En otras palabras, la hipótesis de trabajo es que este *espacio intersubjetivo* es, en caso de las psicosis moderadas y los estados límite, un espacio peligroso, inseguro. En el caso de las psicosis graves, este espacio no existe o es muy reducido.

Esta hipótesis coincide con los vínculos que se pueden establecer entre ciertos tipos de comportamientos singulares de los psicóticos (por ejemplo, encerrarse en su habitación debido a un trastorno que los disuade de cualquier atisbo de contacto con otras personas) y las angustias y los temas delirantes que se despliegan (el miedo a la intrusión, delirio de influencia o paranoide, etcétera). El retrato de conjunto sugiere que el *espacio intersubjetivo* del psicótico es fuente de miedo para el paciente.

De igual forma, puede ocurrir que el equipo de profesionales, para protegerse, también se aparte del espacio intersubjetivo. Los pacientes psicóticos y algunos pacientes *borderline* ven de este modo cómo se confirma su reclusión psíquica.

Se trata de poner freno a este proceso y restaurar las condiciones del encuentro. Para conceptualizar este espacio intersubjetivo, nos hemos apoyado en el trabajo de Lyons-Ruth (2005) que revisó los estudios existentes sobre la relación entre algunas madres y sus hijos. Opinamos que sus postulados siguen siendo válidos para toda relación entre donantes y receptores de cuidados, en concreto entre pacientes psicóticos y personal sanitario.

Lyons-Ruth (2005) llega a diversas conclusiones importantes:

1. La atención de los donantes de cuidados es crucial para mantener una actividad débil del cortisol, por ejemplo, durante el primer año de vida. En cambio, la ausencia de un donante de cuidados disponible y sensible conduce a incrementos peligrosos de la concentración de glucocorticoides en respuesta a los *estresantes*.
2. La sensibilidad del donante de cuidados a las señales del niño también puede predominar sobre predisposiciones genéticas y de temperamento a dar respuestas elevadas al estrés. Por ejemplo, Lyons-Ruth recuerda que los niños con temperamento ansioso no muestran una mayor concentración de cortisol durante acontecimientos nuevos si están acompañados por un donante de cuidados con el que tienen una relación *segura*, mientras que este tipo de aumento se observa si la relación es *insegura*.
3. A la edad de cinco años, los niños clasificados en la categoría de inseguros/desorganizados parecen desarrollar dos tipos de estrategias relacionales. Algunos de estos niños intentan ejercer cierto control sobre la atención del progenitor adoptando estrategias controladoras/cuidadoras, mientras que otros niños adoptan estrategias controladoras/castigadoras.

4. En su propio trabajo, Lyons-Ruth identifica cinco aspectos generales de la comunicación afectiva perturbada: a) las respuestas a la retirada del progenitor, b) las respuestas negativas intrusivas, c) las respuestas con confusión de roles, d) las respuestas desorientadas, y e) una serie de respuestas llamadas «errores de comunicación afectiva», que incluyen ya sea señales afectivas conflictivas simultáneas dirigidas al niño o déficit de respuestas a las señales afectivas manifestadas por el niño.
5. Finalmente, Lyons-Ruth distingue dos tipos de cuidados: el estilo «impotente/temeroso» (más bien retraído) y el estilo «hostil/autoreferencial» (más bien egocéntrico).

Aunque esto aún debe ser confirmado mediante la investigación, consideramos que pueden observarse un buen número de estos patrones en el marco de las relaciones paciente-personal. Así pues, los dos perfiles aquí citados —impotente/temeroso y hostil/autoreferencial— también se encuentran en el marco de las relaciones entre algunos miembros del personal y algunos pacientes. Estas personas están encalladas en trampas relacionales cuya reciprocidad contribuye a perpetuarlas (homeostasis).

¿Es posible modificar estas modalidades relacionales dañinas y tender hacia interacciones más sanas? La respuesta es sí, a condición de considerar que lo que se cura es menos el paciente que las interacciones entre éste, su familia y el personal.

La corresiliencia

La «hipótesis de corresiliencia» sugiere la siguiente idea: la forma que tiene un equipo de personal de sobrellevar el impacto de los procesos dañinos aquí descritos determina los ejes de crecimiento en cuya dirección el paciente y su familia podrán retomar un desarrollo psíquico y un posicionamiento relacional positivo.

Frente a todas estas perturbaciones, ¿cómo hay que (re)accionar? ¿Cuáles son los *antídotos* contra los *venenos* del pensamiento y del vínculo que acabamos de mencionar? ¿Cuáles son las medidas contrarias a estos factores dañinos? Aquí proponemos cuatro vías de intervención.

Concertación clínica

La «concertación clínica» funciona como un antídoto frente al pensamiento caótico y el funcionamiento fragmentario de los pacientes psicóticos y *borderline*. Dicho de forma más prosaica, al proceso de escisión y de *disociación* de la psicosis, le oponemos procesos que reúnen y que vinculan. Pero ¿qué es la «concertación clínica»?

West *et al.* (2009) examinaron la noción de «resiliencia de equipo» en relación a otros conceptos vinculados con la dinámica de equipo. Aparecen cinco parámetros esenciales:

- La «coordinación», que remite a las actividades de gestión de la interdependencia de los miembros de un equipo.
- La «cooperación», que remite más bien a la idea de una voluntad de comprometerse en una tarea colectiva.
- La «cohesión», que expresa la fuerza del vínculo entre los miembros.
- La «gestión de conflictos», que afecta al rendimiento del equipo. Mal gestionados, los conflictos entorpecen el cumplimiento de las tareas y engendran insatisfacción. Bien gestionados, refuerzan la confianza y el sentimiento de realización personal.
- La «satisfacción» global del trabajo en equipo afecta a la calidad y a la continuidad del trabajo. Cuando la insatisfacción

predomina, las ausencias y las dimisiones se multiplican y perturban el ambiente de trabajo.

En psiquiatría —en la que son muchos los que intervienen y los equipos son multidisciplinarios—, el riesgo de que el paciente reciba requerimientos paradójicos es importante (Hendrick, 2001). La concentración permite corregir, incluso prevenir, este tipo de problema. Además, la «concentración clínica» permite identificar los fenómenos de isomorfismo descritos más arriba. En resumen, permite asegurar la coherencia de las intervenciones. Examinemos este punto esencial.

Coherencia

Antonovsky y Sourani (1988) entrevistaron a supervivientes del Holocausto que no habían desarrollado patologías físicas o mentales. Probaron que un factor de protección esencial era el «sentimiento de coherencia» (*sense of coherence*). Este constructo implica tres nociones subyacentes:

- «Comprensibilidad» (*comprehensibility*): que la situación pueda ser ordenada de forma comprensible.
- «Manejabilidad» (*manageability*): la convicción que tiene el sujeto de mantener cierto control de la situación. Cosa que implica la percepción de disponer de las capacidades y recursos apropiados para hacer frente a la situación.
- «Significado» (*meaning*): la percepción de que la vida en general y la situación en particular tienen un sentido.

Este concepto fue estudiado, sobre todo, en un contexto psiquiátrico con pacientes esquizofrénicos.

Por una parte, fue posible establecer una relación positiva entre el sentimiento de coherencia (soc) y el sentimiento de control, autoestima, calidad de vida y bienestar global. Por otra, hay una relación negativa entre soc y la psicopatología (Bengtsson y Hansson, 2008). En este estudio, el control, la autoestima y la adecuación de la integración social explican el 61,1% de la varianza del sentimiento de coherencia. El control aporta la mayor contribución ya que explica el 46,3% de la varianza. Además, el soc se asocia positivamente a todas las medidas vinculadas a la sanidad. Los cambios del soc durante los 18 meses de seguimiento tenían relación con la evolución de la calidad de vida global subjetiva, la salud en general, el bienestar global y el funcionamiento psicosocial global.

Por otra parte, se observaron relaciones similares en personal de enfermería. El análisis mostró que el soc en el personal de enfermería tiene una correlación negativa con el agotamiento profesional (*burn-out*) y la depresión (Tselebis *et al.*, 2001). Estos autores propusieron la hipótesis de que el grado de coherencia hace que el personal sea más o menos vulnerable o resistente a la depresión y al *burn-out*. En el entorno hospitalario, la intervención de un personal cuya función sea ayudar y apoyar al personal de enfermería es una opción muy útil.

En consecuencia, nos parece razonable formular la hipótesis de un vínculo entre el soc de los pacientes con el del personal. Además, está hipótesis está apoyada por las prácticas de supervisión, generalmente consideradas útiles, incluso indispensables, por los profesionales clínicos. En cambio, la ausencia de soc en la relación paciente-personal tiene efectos desastrosos. En particular, los trastornos del pensamiento, alucinaciones y delirios ponen en peligro este sentido. En ausencia de un trabajo de elaboración común, en el que el sentido puede ser restituido, el paciente parece adoptar comportamientos imprevisibles, sin sentido y aparentemente inquietantes, lo cual suscita en el equipo las reacciones defensivas antes descritas. Una de ellas, la más temible porque deshumaniza, consiste en considerar al otro como un *loco*, es decir, como una persona que no tiene papel ni lugar en el mundo de las personas. Este proceso amplifica y agrava los síntomas de los pacientes psiquiátricos, sobre todo cuando se trata de pacientes psicóticos o *borderline*.

En cambio, cuando el personal está dotado de hipótesis de trabajo fundamentadas, puede organizar sus intervenciones con el paciente y esta organización, esta coherencia, es estructuradora para este último. En virtud del principio de isomorfismo, podemos afirmar aquí que el soc quizás se transmita (como en una transfusión) al paciente y a su familia.

Contención: la implicación a distancia

En el arsenal de estrategias terapéuticas, los profesionales clínicos deben desarrollar una actitud muy específica llamada «contención». Éste es un concepto proveniente del campo del psicoanálisis, más concretamente de los trabajos de Bion y Winnicott.

Se trata de una actitud —algo acrobática— que consiste en mantener a distancia la angustia del paciente —para no sumergirse en ella uno mismo— manteniéndose al mismo tiempo emocionalmente implicado. No se debe participar en un proceso de contagio desordenado de la emoción en el que cada uno amplifica las angustias, la cólera o el desánimo del otro. El paciente puede aprender a gestionar sus emociones observando lo que hace el terapeuta, mediante el aprendizaje vicario, como sin duda diría Albert Bandura. Por ejemplo, si un paciente está desesperado, el terapeuta debe acoger esta desesperación, mostrándose concernido, implicado... pero estable y orientado hacia un futuro sin desesperación.

Las intuiciones clínicas de Bion y de Winnicott se materializaron en el marco de estudios controlados mediante el concepto de «preocupación desapegada» (*detached concern*). Se trata de una actitud del personal cuidador que consiste en neutralizar el proceso de escalada emocional causada por los pacientes, buscando un equilibrio entre objetividad e implicación emocional (Fluttert *et al.*, 2010).

Esto coincide con las observaciones de Hochmann (1981) que indican que, frente a pacientes psicóticos, el psicoterapeuta (o miembro de la familia) corre el riesgo de bascular constantemente hacia demasiado desapego (huida) o, al revés, demasiada implicación. El equilibrio entre ambos polos es frágil y precario, y exige ajustes constantes que sólo la dinámica de equipo puede garantizar bajo ciertas condiciones.

Aquí lo importante no es tanto encontrar una solución, sino más bien mostrar al paciente que lo que él vive como insoportable puede ser soportable y gestionable (*manageability*). La presencia *contenida* del *psi* y su actitud de escucha benevolente son también factores terapéuticos esenciales. Esta presencia no es *invasiva*, no es una intrusión en el psiquismo del paciente. Hay que saber estar ahí, a veces en silencio. Un silencio de escucha y no de asombro o de desorganización (división).

En cuanto a la familia, el paciente está acostumbrado a vivir en un entorno que amplifica su angustia. En sus encuentros con el terapeuta, el paciente y su familia pueden ver que es posible reaccionar de forma a la vez calmada y estructurada.

Así, la contención únicamente es posible en la medida en que es preparada mediante la dinámica de equipo. Frente a los movimientos desorganizadores, fragmentados, caóticos del pensamiento y del vínculo iniciados por los pacientes psicóticos y *borderline*, la reunión de equipo permite reorganizar y desfragmentar la relación y el pensamiento en su seno.

Acción conjunta

ATENCIÓN CONJUNTA. ACCIÓN CONJUNTA. CORREFERENCIA Y ESPACIO INTERSUBJETIVO

La «atención conjunta» manifiesta la capacidad de las personas de representarse y compartir intereses comunes. Sabemos que un niño de cuatro meses ya es capaz de seguir la dirección de la mirada de un observador y de señalar con el dedo a partir de los seis meses. Esto prepara la «acción conjunta» que permite a varios individuos colaborar en un proyecto común. Si se pudiera verbalizar, el esquema sería el siguiente: «Hay algo interesante allí donde mira mi madre». Por su parte, la madre tiende a seguir la mirada del niño y a hacer un comentario de lo que, según ella, el niño está mirando. Este fenómeno llamado «correferencia» (esfera cognitiva) constituye la base sobre la cual las personas aprenden a construir un «espacio intersubjetivo» (esfera relacional y afectiva) en el que aprenden a componer, compartir y modificar sus estados mentales teniendo en cuenta los estados mentales de los otros.

Ya hemos resumido la abundante literatura científica que muestra que el psicótico, pero también los miembros de su familia, presentan perturbaciones de la comunicación vinculados a la correferencia (Hendrick, 2002).[3] Este tipo de comunicación causa perturbaciones en la cadena de ajustes conductuales y afectivos entre los protagonistas. Estos desajustes amplifican la

_____

3. Comunicación divergente o, en inglés, *communication deviance* (CD).

desorganización del pensamiento, los afectos y la conducta, tanto en el *cuidador* como en el *receptor* (aquí, el paciente psicótico).

La idea terapéutica consiste aquí en elaborar una relación que contribuye a la «re-sincronización». ¿Cómo conseguirlo?

El contacto diario entre el paciente y el personal se desarrolla durante *actividades de vida cotidiana* que son también oportunidades para *acciones conjuntas*. Podemos ordenarlas de la forma siguiente:

- Situaciones vinculadas a la limpieza (higiene corporal y de la habitación), las comidas, los cuidados, el orden, la administración, levantarse e irse a dormir, tomar la medicación.
- Los encuentros con la familia y con la red.
- Lo que llamaremos las ocupaciones vitales (jardinería, cocina, embellecer el lugar de vida), de las que se suele disfrutar y que alimentan un sentimiento de vitalidad, ausentes en muchos pacientes psicóticos.
- Otra clase de actividades son los talleres terapéuticos, como la arteterapia.

La mayor parte de estas actividades ponen al personal de enfermería en primera línea de la acción terapéutica. Por este motivo, su acción debe ser supervisada y sostenida por psicólogos y psiquiatras.

Condiciones para que la acción conjunta sea terapéutica

Para que una acción sea conjunta, los protagonistas deben ponerse de acuerdo respecto a un referente exterior, un objeto común y la toma de consciencia de compartir un interés.[4] Para

---

4. Adviértase de paso que esta actividad inaugura una estructura triple de intercambios: los dos protagonistas y el referente exterior.

ello, es importante que el terapeuta no vea al psicótico como a un *loco*. La acción conjunta sólo es posible cuando estas tres modalidades de intervención que hemos propuesto se cumplen.

La etapa siguiente consiste en convocar a los pacientes psicóticos a un espacio de actividades conjuntas para ayudarles a reconstruir un «espacio intersubjetivo» coherente. Evidentemente, para que esto sea eficaz, dichas acciones conjuntas deben producirse de forma repetida y coherente, reanudando el tejido relacional allí donde ha quedado interrumpido, en el marco de actividades de vida cotidiana más banales.

La acción sólo será terapéutica a condición de que estas actividades se lleven a cabo teniendo presentes estas hipótesis. De lo contrario, la acción puede convertirse en *mecánica*, *técnica*, incluso resultar *deshumanizadora* y hundirse en una forma de activismo *terapéutico*, cuyas características antiterapéuticas acabamos de subrayar. Por tanto, las cuatro modalidades de intervención anunciadas en esta sección son indisociables.

El equipo terapéutico implicado en este tipo de actividad con los pacientes psicóticos tiene muchas posibilidades de conducirlos a modalidades de funcionamiento que *rectifiquen* los déficits observados al nivel de las cuatro polaridades descritas al principio del artículo. Al mismo tiempo, el equipo también se protege de los efectos dañinos de los desajustes psicóticos. En este sentido, está justificado hablar aquí de corresiliencia.

Conclusión

Hemos intentado situar el concepto de resiliencia en el contexto de la hospitalización de pacientes psicóticos crónicos graves. ¿A qué se enfrenta el equipo terapéutico en estas situaciones y cómo iniciar el proceso terapéutico?

Esta reflexión nos conduce a considerar el concepto de resiliencia a un nivel lógico superior al de variables como el *coping*. En efecto, en este caso se trata de variables esencialmente ligadas a un individuo aislado y observadas además en un momento preciso. En un nivel lógico superior, el de la resiliencia, se trata de pensar en términos de procesos dinámicos —es decir, inscritos en el tiempo— y desde una perspectiva que moviliza a varias personas.

Durante las interacciones, se comparten procesos relacionales, incluso se *trasfunden* de un grupo al otro —pacientes, equipo profesional y familias— (isomorfismo). Frente a los poderes desorganizadores del pensamiento y del lugar en los trastornos psicóticos, la resiliencia es una dinámica de equipo coherente y cohesiva que prepara al personal para que adopte una actitud de *contención* y lleve a cabo una acción conjunta con el paciente. Al mismo tiempo, estas acciones dan al paciente un lugar y un papel en los sistemas humanos.

La resiliencia no es un *estado* y aún menos un estado de una persona. La resiliencia es un proceso, es decir, un encadenamiento de interacciones que se despliegan en el tiempo y que conciernen a diversas personas: el paciente, su familia y los profesionales. La resiliencia es *algo* que se hace colectivamente, *algo* que humaniza y que da un lugar a cada uno. En este sentido, sólo puede ser corresiliencia.

Referencias

Allen, C. (2004). «Borderline personality disorder: Towards a systemic formulatio», en *Journal of Family Therapy*, vol. 26, págs. 126-141.

Antonovsky, A. y Sourani, T. (1988). «Family sense of coherence and family adaptation», en *Journal of Marriage and the Family*, vol. 50, págs. 79-92.

Bengtsson-Tops, A. y Hansson, L. (2008): «The validity of Antonovsky's sense of coherence measure in a sample of schizophrenic patients living in the Community», en *Journal of Advanced Nursing*, vol. 33, n° 4, págs. 432-438.

Brémaud, N. (2010). «Note sur le négativisme schizophrénique», en *L'Évolution psychiatrique*, vol. 75, págs. 445-453.

Cousineau, P. (1997). «Intervention auprès du patient limite: objectivité et subjectivité», en *Santé mentale au Québec*, vol. 22, n° 1, págs. 5-15.

Denis, J. y Hendrick, S. (2012). «Résilience et équipe de crise: de l'épuisement à la rupture», en *I Congreso mundial sobre la resiliencia: De la investigación a la práctica*, París, junio de 2012.

Fluttert, F.; Van Meijel, B.; Nijman, H.; Bjørkly, S. y Grypdonck, M. (2010). «Detached concern of forensic mental health nurses in therapeutic relationships with patients: The application of the early recognition method related to detached concern original research article», en *Archives of Psychiatric Nursing*, vol. 24, n° 4, págs. 266-274.

Goy Gay-Croiser, V.; Magnin, F. y Dubuis, N. (1997). «Les psychoses», en Boletín temático de la FOVAHM (Fondation valaisanne en faveur des personnes handicapées mentales), n° 2, págs. 3-27. Disponible en internet en: http://www.fovahm.ch/images/upload/telechargement/Parallele2.pdf.

Hendrick, S. y Denis, J. (2012). «Pyschose et équipe soignante», en *I Congreso mundial sobre la resiliencia: De la investigación a la práctica*, París, junio de 2012.

Hendrick, S. (2002). «Familles de schizophrènes et perturbations de la communication. La communication "déviante". Le point de la recherche et son apport à la théorie familiale systémique», en *Thérapie familiale*, vol. 23, n° 4, págs. 387-410.

Hendrick, S. (2001). «Le contexte de l'hospitalisation sous contrainte de patients psychotiques», en *Cahiers critiques de thérapie familiale et de pratiques de réseaux*, 2001/1, n° 26, págs. 83-112.

Hernández, P.; Gangsei, D. y Engstrom, D. (2007). «Vicarious resilience: A new concept in work with those who survive trauma», en *Family Process*, vol. 46, n° 2, págs. 229-241.

Hochmann, J. (1981). «La peur du fou», en *Santé mentale au Québec*, vol. 6, n° 1, págs. 3-18.

Koulomzin, M.; Beebe, B.; Anderson, S. y Jaffe, J. (2002). «Infant gaze, head, face and self- touch at four months différentiate secure vs avoidant attachment at one year; a microanalytic approach», en *Attachment and Human Development*, vol. 4, n° 1, págs. 3-24.

Kreisman, D.; Simmens, S. y Joy, V. D. (1979). «Rejecting the patient: Preliminary validation of a self- report scale», en *Schizophrenia Bulletin*, vol. 5, págs. 220-222.

Levy, E.; Shefler, G.; Loewenthal, U.; Umansky, R.; Bar, G. y Heresco-Levy, U. (2005). «Characteristics of schizophrenia residents and staff rejection in community mental health hostels», en *Isr. J. Psychiatry Relat. Sci.*, vol. 42, n° 1, págs. 23-32.

Lyons-Ruth, K. (2005). «L'interface entre attachement et intersubjectivité: perspectives issues de l'étude longitudinale de l'attachement désorganisé», en *Psychothérapies*, 2005/4, vol. 25, págs. 223-234.

Maisondieu, J. (1988). «Contamination», en Benoit, J.-C. *et al.*, en *Dictionnaire clinique des thérapies familiales systémiques*, ESF, París.

Miermont, J. (2001). «Schizophrénies et thérapies familiales. Perspectives éco- éthoanthropologiques», en *Cahiers critiques de thérapie familiale et de pratiques de réseaux*, 2001/1, vol. 26, pág. 161-180.

Sabin-Farrell, R. y Turpin, G. (2003). «Vicarious traumatization: Implications for the mental health of health workers?», en *Clinical Psychological Review*, vol. 23, n° 3, págs. 449-480.

Shefler, G.; Hersco-Levy, U. y Kreisman, D. (1995). «The measurement of expressed emotion and the Patient Rejection Scale (PRS): Characteristics and application», en *Isr. J. Psychotherapy*, vol. 9, págs. 203-208.

Stern, D. (1989). *Le Monde interpersonnel du nourrisson*, PUF, París,.

Tselebis, A.; Moulou, A. e Ilias, I. (2001). «Burn- out versus depression and sense of coherence: Study of Greek nursing staff», en *Nursing and Health Sciences*, vol. 3, págs. 69-71.

Valent, P. (2002). «Diagnosis and treatment of helper stresses, trauma, and illnesses», en Figley, C. R., *Treating Compassion Fatigue*, «Psychosocial-stress series», n° 24, págs. 17, Brunner-Routlege, Nueva York.

West, B. J.; Patera, J. y Carsten, M. K. (2009). «Team level positivity: Investigating positive psychological capacities and team level outcomes», en *J. Organiz. Behav.*, vol. 30, págs. 249-267.

Winnicott, D. W. (2000). *La Crainte de l'effondrement et autres situations cliniques*, en «Connaissance de l'inconscient», Gallimard, París. [Traducción de «Fear of Breakdown», en *Internationel Review of Psycho- Analysis*, n° 1, 1974].

En la práctica, no todos los resilientes son iguales: análisis de perfil

Corinne Zacharyas y Luc Brunet

Introducción

El concepto de «resiliencia», desde sus orígenes, se usa respeto a situaciones menos intensas, pero más frecuentes de estrés cotidiano (De Tychey, 2001; Tarter y Vanyukov, 1999), lo cual lo hace especialmente útil en nuestra sociedad actual.

En la práctica, hay consenso respecto al hecho de que la resiliencia fluctúa en el tiempo y de una situación a otra. Hay niveles más o menos eficaces (De Tychey, 2001). Si consideramos que la resiliencia concierne al individuo que obtiene *buenos resultados* a pesar de los impedimentos para la adaptación y el desarrollo (Masten, 2001), la noción de «adaptación» se puede precisar. Maten y O'Dougherty (2010) distinguen una adaptación interna de otra externa. Principalmente, la investigación se ha concentrado en los conceptos de «competencia» (funcionamiento eficiente en el mundo) y de «tareas del desarrollo» (según las expectativas de la sociedad esperadas en cada ámbito). Así, el aspecto interno de la adaptación se deja de lado. Esto explica, quizás, las advertencias de los clínicos sobre el hecho de que la resiliencia no se acompaña necesariamente de bienestar (De Tychey, 2001; Hanus, 2001; Tisseron, 2008) hasta el punto de que algunas investigaciones empíricas subrayan la falta de salud psicológica de los participantes.

Teniendo en cuenta estos dos aspectos de la salud psicológica, el bienestar y sensación de desamparo, nuestro estudio tiene como objetivo observar las diferencias entre las personas resilientes. Empezaremos refiriéndonos al vínculo entre resiliencia y salud psicológica.

La resiliencia y su vínculo con la salud psicológica

Partamos de la definición general de resiliencia descrita como una «aptitud para enfrentarse con éxito a una situación de estrés intenso por su nocividad o el riesgo que representa, para recuperarse, adaptarse y conseguir vivir y desarrollarse positivamente a pesar de estas circunstancias desfavorables» (Oficina quebequesa de la lengua francesa, 2009). Se desprenden dos componentes del concepto de resiliencia: a saber, el hecho de resistir a los acontecimientos difíciles, incluso traumáticos, y desarrollarse normalmente en la sociedad.

Desarrollarse bien supone estar bien. Entonces pensamos en cierto bienestar empíricamente demostrado. Cuanto más resilientes son los participantes en estudios transversales, más bienestar sienten (Smith, Tooley, Christopher y Kay, 2010; Théorêt, Garon, Hrimech y Carpentier, 2006; Tugade y Fredrickson, 2004; Zacharyas y Brunet, 2011). Algunas definiciones de la persona resiliente sugieren con fuerza que experimenta bienestar. Por ejemplo: «la persona resiliente tiene una visión positiva de las cosas, un sentido del humor y la capacidad de disfrutar de las cosas. Sus estrategias de adaptación son sanas, sabe prestar atención a sus necesidades físicas, emocionales, mentales y espirituales, y satisfacerlas» (Harris Lord y O'Brien, 2007). Por otra parte, esto coincide con la definición de la salud que hacía, ya en 1946, la Organización Mundial de la Salud: «un estado completo de bienestar físico, mental y social, que no sólo consiste en una ausencia de enfermedad o invalidez».

Entonces, es concebible que la persona resiliente sea una persona con una buena salud psicológica. No obstante, no siempre es así (De Tychey, 2001; Hanus, 2001; Tisseron, 2003, 2008). Dejando de lado la visión simplista de que los terapeutas, al fin y al cabo, sólo entran en contacto con quienes no han conseguido desarrollar una resiliencia que asegure su salud psicológica, hay que guiarse por los trabajos empíricos. Así, algunos niños resilientes, a pesar de tener éxito en los estudios, también manifiestan síntomas depresivos (Bouteyre, 2004; Deb y Arora, 2011). Algunos niños, también adultos, tienen dificultades por relacionarse. Es decir, se relacionan con otros, pero no de forma afectiva (Luthar, Doernberger y Zigler, 1993; Werner, 1993).

Pero, para entender bien por qué hay personas resilientes que sienten bienestar mientras que otras experimentan síntomas depresivos, hay que concebir la salud psicológica teniendo en cuenta dos aspectos: el bienestar y el sentimiento de desamparo (Brunet, Savoie y Boudrias, 2009; Savoie, Brunet, Gilbert y Boudrias, 2010). De hecho, que las cosas vayan bien no quiere decir que no haya nada que esté mal. Una buena imagen representativa de la idea sería la salud financiera de una persona. Tener un salario anual de 100.000 euros debería permitir el bienestar. No obstante, si tenemos 80.000 euros de deudas, la presión será claramente mayor que si sólo tenemos 10.000. No podemos concebir la salud psicológica únicamente en términos de bienestar, sobre todo en el tema que nos ocupa. En la resiliencia, el enfrentamiento con el malestar es fundamental. Los afectos negativos, estrés-malestar, son vividos tanto por la persona resiliente como por la persona considerada vulnerable. La diferencia es que los resilientes se recuperan más fácilmente que los otros (Tugade y Fredrickson, 2007).

Componentes de la resiliencia

Para entender mejor la problemática de la salud psicológica en las personas resilientes, examinemos de nuevo el proceso en sí. La noción de resistencia es esencial. Hay que ser temporalmente incapaz de explotar los propios recursos y, por lo tanto, de resistir a la situación (De Tychey, 2001; Hanus, 2001), para luego recuperarse (Zautra, Stuart Hall y Murray, 2010), reformular lo que antes era intolerable y permitir así una resiliencia en profundidad (De Tychey, 2001) que permitirá a la persona desarrollarse, vivir normalmente, incluso mejor, sentirse más fuerte que antes (Harris Lord y O'Brien, 2007). Estos mecanismos son más o menos eficaces y se traducirán en pseudorresiliencias a través de términos como «resistencia, desistencia, desiliencia» (Pourtois, Humbeeck y Desmet, 2012), definidas como «reintegración homeostática, con pérdida o incluso disfuncional» (Richardson, 2002). En cuanto al desarrollo, incluye, por ejemplo, la noción de «adaptación», esta facultad de ajuste a una realidad no ideal que puede experimentar una persona. En esta noción, vemos una adaptación externa (portarse bien en la escuela o el trabajo, contribuir al a sociedad). En cambio, en la investigación, el aspecto interno de la adaptación es dejado de lado (Masten y O'Dougherty Wright, 2010). Ahora bien, esto podría explicar la «perversidad de la adaptación social en la que el individuo sufre» (Scelles, 2001; Tisseron, 2003, 2008) y en la que «los resilientes pueden pasarse toda su vida en una adaptación social aparentemente satisfactoria» (Tisseron, 2009). De hecho, el sufrimiento del ser no se ha tenido suficientemente en cuenta (Joubert, 2003).

De acuerdo con los dos componentes de la resiliencia, la adaptación externa se puede encontrar tanto en la resistencia como en el desarrollo, tanto para distanciarse de lo que molesta, mediante, por ejemplo, mecanismos de defensa (De Tychey, 2001), como para desarrollarse en parte mediante la obtención de resultados socialmente aceptables, como los buenos resultados escolares o profesionales. En cambio, la adaptación interna no puede ser representada en la etapa de resistencia de la resiliencia. Si hay un momento en que la salud psicológica puede estar asegurada, es ante todo en el desarrollo. En la resistencia, se trata de controlar lo que molesta, ahuyentarlo, distanciarse de lo desagradable. El bienestar no tiene aquí ningún lugar. Pero, como la faceta de la adaptación interna es ignorada demasiado a menudo en la investigación científica, es más difícil percibir una resiliencia en la que falte esta adaptación. Todo ello ha motivado nuestra investigación.

Investigación empírica

Distinguiendo los dos tipos de adaptación, es probable que se observen diferencias. De hecho, los resilientes obtienen buenos resultados, pero su bienestar puede ser distinto de un individuo a otro. Esta noción de bienestar en los resilientes no está clara en la literatura actual. Es posible observar la presencia o ausencia de buena salud psicológica en la clínica. En cambio, faltan datos empíricos. Por tanto, nuestro estudio tiene como objetivo, ante todo, esclarecer este vínculo entre resiliencia y salud psicológica en el ámbito empírico, integrando las medidas del bienestar, pero también las del sentimiento de desamparo. Nuestra hipótesis es que hay diferencias cualitativas en la salud psicológica de los individuos resilientes.

Para verificar nuestra hipótesis, primero hay que idear otro tipo de medición distinta de los análisis correlacionales habituales como las regresiones simples y múltiples. Estos últimos, aunque tienen la ventaja de mostrar la fuerza de los vínculos entre dos o más variables, también pueden mostrar similitudes en diversas variables en el plano individual. Estos análisis se hacen a partir del establecimiento de medias. La gran mayoría de observaciones sobre el bienestar de los resilientes las hacen profesionales clínicos. De hecho, es importante analizar lo que corresponde mejor a los individuos respecto a varios criterios. Un análisis estadístico que compare las diferencias de respuesta, el análisis de perfil —también llamado tipología— es ideal para las necesidades de una investigación tal. En cambio, este tipo de análisis exige muchos participantes —éste es uno de los límites operativos que impiden a los investigadores hacer comparaciones de esta clase en muestras pequeñas—. Para este estudio, hemos podido contar con una gran muestra de participantes (N = 534) y así hemos podido llevar a cabo esta línea de investigación. Este estudio se incluye, entre muchos otros, en el marco de un gran estudio sobre la salud psicológica en el trabajo (Brien, Brunet, Boudrias, Savoie y Desrumaux, 2008).

La investigación se ha realizado con un grupo de docentes quebequeses. La profesión de docente, al ser una relación de ayuda, comporta un estrés sustancial (Jaoul y Kovess, 2004). De hecho, el 22,3% de solicitudes de invalidez las hacen docentes, según el archivo de formas de invalidez RRQ (Dionne-Proulx, 1995). El estrés de los docentes es una de las causas más importantes de absentismo laboral [datos de la Federación de Comisiones Escolares de Quebec, 2006 (Fernet, 2007)]. Éstas son sólo algunas de las razones que justifican por sí solas el interés por los profesionales de la enseñanza.

Método

Participantes

Docentes de primaria y secundaria (N = 534) de escuelas de las grandes comisiones escolares de la región de Montreal y de Saguenay participaron en un estudio amplio llevado a cabo por el equipo de psicología del mundo del trabajo y de las organizaciones de la Universidad de Montreal. Los datos sociodemográficos se incluyen en la tabla 1.

Cuestionarios

Los instrumentos de medición se distribuyeron durante las jornadas pedagógicas en enero y junio de 2008.

La resiliencia se midió mediante la escala de atrevimiento/resiliencia (EHR, échelle de hardiesse/résilience) desarrollada por Brien, Brunet, Boudrias, Savoie y Desrumaux (2008). Cuenta con tres factores: la autoeficacia (implicación y perseverancia en la resolución de problemas), el crecimiento (desarrollo de nuevas habilidades, fortalecerse) y el optimismo (ver las cosas de forma positiva, creer en los recursos propios), para un total de 23 ítems en una escala de cinco puntos (1 = casi nunca, y 5 = casi siempre). Los índices de coherencia interna varían entre 0,86 y 0,91.

El bienestar se mide mediante el cuestionario EMMBEP (escala de medida de manifestaciones del bienestar psicológico) de Massé, Poulin, Dassa, Lambert, Bélair y Battaglini (1998b) y evalúa el

Tabla 1. Estadísticas descriptivas de los participantes
en el estudio (%) en el momento 1 (N = 534)

Sexo	Mujeres	69
	Hombres	30
Edad	21-30	18,5
	31-40	32,2
	41-50	32,4
	+ 50	26,2
Escolarización	Bachillerato	80
	Estudios superiores	15
Tipo de empleo	Fijo	76,1
	Temporal o a destajo	23,9
Jornada laboral	30-44 horas	64,7
	+ 45 horas	30
	– 30 horas	5,1
Nivel	Primaria	41
	Secundaria	54,8
Experiencia	12 años y - (global)	51,5
	5 años y menos - (misma escuela)	50,1
Entorno de trabajo	Favorecido	20,1
	Normalmente favorecido	63,8
	Desfavorecido	16,1

bienestar psicológico de la población general. Cuenta con cuatro factores: la implicación (apreciación del trabajo, sentimiento de utilidad), apertura al entorno (el vínculo y la escucha de los colegas), el bienestar respecto a uno mismo (bienestar interior, estar bien en la propia piel, tener buena moral), el bienestar equilibrio (equilibrio trabajo-familia) para un total de 25 ítems sobre una escala de cinco puntos (1 = casi nunca, y 5 = casi siempre). Los indicios de coherencia interna varían entre 0,75 y 0,85.

El malestar se mide mediante el cuestionario EMMDP (escala de medida de manifestaciones del malestar psicológico) de Massé, Poulin, Dassa, Lambert, Bélair y Battaglini (1998a) y evalúa el malestar psicológico de los individuos de la población en general. La consistencia interna es de 0,93 para el conjunto de la escala. Ha sido posible adaptar la noción al entorno laboral (Gilbert, 2009) para obtener tres factores cuyos indicios de coherencia interna son los siguientes: 0,93 (depresión: aislamiento, abandono), 0,88 (malestar con uno mismo: confianza en uno mismo, estrés percibido), 0,79 (malestar respecto a las relaciones sociales: conflictos con los colegas, alejamiento de los vínculos interpersonales). Consta de un total de 23 ítems sobre una escala de cinco puntos (1 = casi nunca, y 5 = casi siempre).

Otros análisis factoriales específicos de este grupo han confirmado los factores de los cuestionarios.

Partiendo de los factores de los tres cuestionarios, se ha realizado un análisis del tipo K-Mean para agruparlos en torno a 10 factores implicados.

Resultados

Los análisis de perfiles mediante SPSS permiten obtener cinco grupos en los que todos los factores de las tres variables (resiliencia, bienestar y malestar) difieren de forma significativa:

- resiliencia-eficacia: $F_{(4,510)} = 148,66$; $p < 0,001$;
- resiliencia-optimismo: $F_{(4,510)} = 78,83$; $p < 0,001$;
- bienestar/implicación: $F_{(4,510)} = 130,23$; $p < 0,001$;
- bienestar/equilibrio: $F_{(4,510)} = 188,77$; $p < 0,001$;
- bienestar/apertura: $F_{(4,510)} = 82,10$; $p < 0,001$;
- bienestar/uno mismo: $F_{(4,510)} = 178,76$; $p < 0,001$;
- malestar-depresión: $F_{(4,510)} = 248,94$; $p < 0,001$;
- malestar social: $F_{(4,510)} = 107,68$; $p < 0,001$;
- malestar/uno mismo: $F_{(4,510)} = 243,62$; $p < 0,001$.

Los datos descriptivos por grupo se muestran en la tabla 2 y el esquema de los mismos en la figura 1.

Tabla 2. Estadísticas descriptivas de los factores de resiliencia y de salud psicológica en cinco grupos

	Grupo 1 (N = 133)		Grupo 2 (N = 81)		Grupo 3 (N = 141)	
	Media	Desviación tipo	Medio	Desviación tipo	Media	Desviación tipo
resil_eficacia	4,42	0,33	3,83	0,39	3,77	0,34
resil_optimismo	4,07	0,53	3,47	0,57	3,24	0,51
resil_croisance	4,40	0,49	3,95	0,57	3,68	0,44
be_compromiso	4,48	0,48	3,67	0,42	4,13	0,41
be_equilibrio	4,57	0,49	2,85	0,57	3,96	0,57
be_apertura	4,59	0,36	3,96	0,42	4,28	0,39
be_uno mismo	4,56	0,36	3,70	0,40	3,95	0,37
de_depresión	1,29	0,33	1,76	0,41	1,28	0,25
de_social	1,20	0,28	1,41	0,34	1,20	0,24
de_uno mismo	1,39	0,45	2,30	0,53	1,52	0,38
	Grupo 4 (N = 107)		Grupo 5 (N = 53)			
	Media	Desviación tipo	Medio	Desviación tipo		
	3,68	0,39	3,05	0,44		
	3,07	0,54	2,45	0,65		
	3,65	0,53	3,02	0,65		
	3,54	0,48	3,02	0,58		
	4,03	0,43	2,75	0,70		
	4,06	0,46	3,46	0,49		
	3,81	0,44	2,94	0,45		
	2,19	0,44	2,98	0,69		
	1,78	0,41	2,13	0,61		
	2,47	0,51	3,43	0,59		

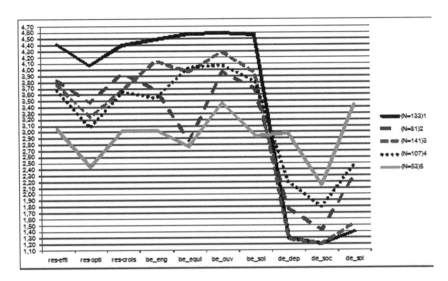

Figura 1. Representación de los factores de resiliencia y de salud psicológica en cinco grupos

Las comparativas de grupos mediante MANOVA (por su nombre en inglés, *multivariate analysis of variance*) sobre las variables globales muestran igualmente diferencias estadísticamente significativas:

resiliencia: $F (4,503) = 173,46; p < 0,001; E2 = 58,2\%$;
bienestar: $F (4,503) = 305,98; p < 0,001; E2 = 71\%$;
malestar: $F (4,503) = 366,87; p < 0,001; E2 = 74,6\%$.

En cambio, no todos los grupos difieren entre ellos. En los postulados de base, la asunción de homogeneidad de las varianzas-covarianzas no se respeta, lo cual nos lleva a reducir nuestro umbral de significatividad mediante una corrección de Bonferroni durante los análisis ANOVA (análisis de varianza) para determinar las diferencias según los grupos. De hecho, los grupos 2, 3 y 4 no difieren significativamente entre ellos en la variable de la resiliencia. Los grupos 1 y 3 no difieren en la variable del malestar. Estas distinciones pueden observarse en la figura 1.

El primer grupo (26%) representa bien lo que se espera de una persona resiliente, es decir, altos niveles de resiliencia y de bienestar acompañados de niveles menores de malestar. Se le opone el grupo 5 (10%) que manifiesta niveles de resiliencia, bienestar y malestar medios. Más concretamente, algunos factores se desmarcan de otros. Claramente por encima de la media, encontramos la resiliencia/optimismo (creencia en los recursos propios), el bienestar/equilibrio (equilibrio trabajo-familia). El malestar social (aislarse de otros) también es claramente inferior a la media. Algunos factores son superiores a la media: el malestar psicológico (falta de confianza en uno mismo, desequilibrio interior) y el bienestar apertura (estar en contacto con otros, no aislarse).

Entre estos dos extremos hay tres grupos sensiblemente iguales en términos de resiliencia, pero hay que hacer algunas distinciones en cuanto a la salud psicológica. En la resiliencia, el factor de optimismo siempre es el que menos se cumple. Por otro lado, el grupo 4 es el que lo cumple menos de los tres grupos. Estos tres grupos se distinguen esencialmente en términos de niveles. En el nivel del bienestar/compromiso (sentimiento de utilidad, apreciación del trabajo propio), el grupo 3 satisface mejor este criterio. También es el que tiene niveles similares al grupo 1, que es muy resiliente. En cuanto al bienestar/equilibrio, el grupo 2 parece ser el más resiliente de los tres, pero satisface menos este factor. Ocurre lo mismo con el malestar respecto a uno mismo.

Los datos sociodemográficos repartidos según los grupos dan informaciones coherentes con los resultados sobre la resiliencia y la salud psicológica.

Estos datos se aportan en la tabla 3.

Los grupos 4 y 5, los menos resilientes y con más malestar, también son los que tienen más participantes de más de 40 años,

Tabla 3. Datos sociodemográficos de los participantes por grupo

		GR 1 (N = 133)	GR2 (N = 81)	GR3 (N = 143)	GR4 (N = 107)	GR5 (N = 53)
Sexo	Mujer	70,7	80	71,6	58,1	69,8
	Hombre	29,3	20	28,4	41,9	30,2
Edad	21-30	15,8	22,5	22,9	16,2	9,6
	31-40	36,1	31,3	35,7	28,6	23,1
	41-50	27,8	31,3	25	41	46,2
	+ 50	20,3	15	16,4	14,3	21,2
Escola-rización	Bachillerato	75,9	75	80,9	84,9	82,7
	Estudios superiores	20,3	13,9	14,2	13,2	9,6
Tipo de empleo	Indefinido	77,9	70	77,3	80,2	75
	Temporal y por proyecto	22,2	30,1	22,7	19,8	25
Jornada laboral	30-44 horas	74,4	42,5	74,4	68,6	54,7
	+ 45 horas	19,5	55,1	19,5	24,8	41,5
Nivel	Primaria	39,1	41,8	43,7	45,7	30
	Secundaria	56,3	54,4	52,6	51,4	62
Expe-riencia	12 años y - (global)	49,6	65	56,1	40,6	43,1
	5 años y - (misma escuela)	49,6	61,3	50,7	39,6	49
Entorno de trabajo	Favorecido	17,9	27,4	15,6	25,7	20,4
	Mediana-mente favorecido	66,7	53,4	64,8	63,4	63,3

con una mayoría de 41 a 50 años (41% y 46,2% respectivamente). El grupo 2, que tiene dificultades para mantener un equilibrio entre el trabajo y la vida fuera del mismo, también es el que trabaja más (el 55,1% trabajan más de 45 horas por semana), seguido del grupo 5 con un 41,5%. Y el 30% de ellos trabajan con contratos temporales en lugar de indefinidos.

Los grupos 2 y 4 son muy similares en términos de resiliencia, bienestar y malestar respecto a sí mismos, con la excepción del equilibrio trabajo-familia y el malestar social y la depresión. En el grupo 2, los participantes son globalmente más jóvenes y trabajan más por proyecto que el grupo 4. El grupo 4 tiene la particularidad de ser en el que hay más hombres (casi 42%).

Los grupos 1 y 3 son los que padecen menos malestar; también son los que trabajan menos (menos del 20% trabajan más de 45 horas por semana)

Discusión

El objetivo de nuestra investigación es mostrar las diferencias de salud psicológica en personas resilientes, integrando factores de malestar y de bienestar a los de la resiliencia en los individuos. Aún hay mucho que decir aparte de algunos resultados enunciados aquí. Esto supera el marco de este texto, aunque merecería ser estudiado. El lector podrá observar la figura que representa a los cinco grupos así como los resultados sociodemográficos y encontrará diversos hechos empíricos que no hemos descrito. Quizás incluso pueda encontrarles alguna explicación. Al menos hay materia para la reflexión e invitamos al lector a ponerse a la tarea. Aquí hablaremos de algunos resultados que no tienen ningún valor como finalidad en sí mismos, es preciso recordarlo.

El grupo 5 representa globalmente a un grupo cuyos participantes tienen poca confianza en los recursos propios, pero también en sí mismos; les cuesta olvidar el trabajo cuando vuelven a casa y siguen en contacto con los colegas, sin mostrar su malestar interior. Esto coincide con lo afirmado por Chan (2002) a propósito de que las personas resistentes de forma negativa

—es decir, que ya no creen en su capacidad— sienten agotamiento, pero no se desarrollan en el plano personal como lo hacen las personas resistentes de forma positiva mediante una forma de compromiso, control y desafío. Podemos decir exactamente lo mismo sobre el grupo que podemos calificar como aquel cuya salud está en peligro. Esta dificultad para creer en los recursos propios también la encontramos en el grupo 4, que es el segundo en lo que se refiere a experimentar malestar. En cambio, lo que parece ser su salvación —sin que eso establezca un vínculo de causalidad ya que la estimación de la investigación no lo permite— es que a pesar de todo consiguen equilibrar sus vidas profesionales y familiares.

La transición de la *mitad* de la vida se traduce en cuestionamientos entre las edades de 40 y 45 años. Las reflexiones acerca de las elecciones del pasado, las oportunidades desaprovechadas, el envejecimiento, las dificultades, incluso la incapacidad para equilibrar la vida familiar y profesional, los ideales inalcanzables, la incapacidad para escalar en la jerarquía profesional o el estancamiento, todo ello golpea a esta franja de edad y genera cierto sentimiento de impotencia (Greenhaus, Callanan y Godshalh, 2000). Las personas que están en esta encrucijada vital pueden perder la confianza en los recursos propios y desimplicarse, lo cual tiene un impacto sobre su percepción del bienestar y del malestar. Los grupos 4 y 5 podrían estar afectados por esta transición, mientras que los miembros del grupo 2, que trabajan mucho, parecen sentir menos este malestar (en términos de nivel); manifiestan niveles muy buenos de resiliencia, aunque tengan poca confianza en sí mismos. De todas maneras, también manifiestan más confianza en sus propios recursos para la resiliencia. En cambio, no es posible saber aquí si las personas de este grupo trabajan menos por falta de confianza o por el hecho de que el 30% de ellos lo hace con contratos temporales. Sea como sea, la sobrecarga de trabajo tiene un impacto en el tiempo libre de los docentes quebequeses (Sugden, 2010) y afecta más a mujeres que a hombres (Virtanen *et al.*, 2011). Esta sobrecarga temporal de trabajo está relacionada con el aumento de las interferencias entre el trabajo y la vida familiar (Golden y Wiens-Tuers, 2008) y tiene un impacto sobre la salud debido a un malestar afectivo y un bienestar débil (Ilies, Dimotakis y De Pater, 2010). Los grupos 2 y 5 tienen muchas dificultades para equilibrar sus vidas privadas y profesionales ya que son los que más trabajan (más de 45 horas semanales). Recordemos que la mayoría de los participantes son mujeres.

Finalmente, las relaciones interpersonales a través de los factores de bienestar/apertura hacia los otros y el malestar no tienen el mismo desarrollo que los otros factores del estudio. En efecto, el grupo claramente en peligro (grupo 5) no parece mostrar su malestar interior, cosa que coincide a grandes rasgos con los postulados de los profesionales clínicos sobre la adaptación social superficial (De Tychey, 2001; Hanus, 2001; Scelles, 2002; Tisseron, 2003, 2008). Y, de forma general, en todos los grupos, los participantes siguen estando vinculados a sus colegas, aun cuando se observan diferencias de nivel entre ellos.

Límites

Nuestra investigación no permite formular una hipótesis en cuanto a las causas de las diferentes observaciones recogidas. Pero la coherencia entre la constitución de los grupos a partir de las variables de resiliencia y de salud psicológica y las sociodemográficas es destacable. De hecho, podemos confiar en estos resultados. De todos modos, queda mucho por hacer para explicar la falta de confianza de los participantes. El desgaste del tiempo o la personalidad de los individuos podrían ser factores influyentes. Pero, si esto fuera así, ¿la sobrecarga de trabajo y la necesidad de equilibrar la vida laboral y familiar serían obstáculos para la resiliencia? ¿O la falta de resiliencia permitiría a un individuo dejarse invadir por las diversas obligaciones? Para entender mejor estas premisas y consecuencias se necesitan otras investigaciones. Por ejemplo, análisis mediante ecuaciones estructurales que ayudarían a entender el sentido de los vínculos que hay que establecer.

Las descripciones de los grupos se han hecho a partir de cuestionarios rellenados de forma autónoma y no permiten concluir nada acerca de los procesos de resiliencia, ya que éstos fluctúan en función de diversos recursos, afectivos, cognitivos, sociales y conativos (Pourtois, Humbeeck y Desmet, 2012). Es muy posible que el retrato de la situación evolucione de forma inesperada, como se puede observar en la resiliencia con pérdidas y ganancias en distintos momentos de la vida, o incluso según los distintos acontecimientos difíciles vividos (Pourtois, Humbeeck y Desmet, 2012; Werner, 1993). La resiliencia no es un fenómeno único. Pueden darse varias resiliencias al mismo tiempo (Richardson, 2002), por lo que se trata de un fenómeno muy complejo.

Nuestros descubrimientos tienen que ver con los docentes y hoy por hoy no podrían trasladarse a otros grupos de profesionales. Los docentes están implicados en una misión de transmisión del saber y también en una suerte de relación de cuidado. Estas condiciones particulares no pueden encontrarse en todas partes. Sería muy interesante analizar la resiliencia en otros tipos de trabajadores.

Perspectivas futuras

Las grandes diferencias entre resilientes parecen residir en su confianza en sí mismos, en el hecho de sentir que su trabajo es útil y también en su capacidad para equilibrar la vida profesional y personal. Estas diferencias cualitativas respecto de su modo de ser respecto al trabajo merecen ser más investigadas. Las descripciones de personas resilientes nos dan pistas interesantes. En efecto, las personas resilientes son descritas como personas motivadas (Ahrens, 2001; Brunetti, 2006; Henderson y Milstein, 2003; Patterson *et al.*, 2004; Théorêt *et al.*, 2003 en Leroux, 2009; Pourtois, Humbeeck, y Desmet, 2012; Richardson, 2002): personas a quienes les gusta su trabajo y son capaces de disfrutar (Bernshausen y Cunningham, 2001; Davison, 2006; Reivich y Shatte, 2002; Tugade y Fredrickson, 2004). Estas descripciones coinciden con un concepto particular de motivación, la motivación autodeterminada (Ryan y Deci, 2000a, 2000b). Desde este punto de vista, el individuo actúa en el trabajo por diversas razones, ya sea de forma conductual —para adquirir recompensas y evitar castigos— o de forma autodeterminada —encontrando el sentido del desarrollo personal en su trabajo—. El placer y el bienestar, en este último caso, surgen por sí solos.

Nuestra investigación con este grupo de docentes prosigue con el fin de entender mejor las razones intrínsecas y extrínsecas vinculadas a las condiciones de trabajo. Podría ser que los más resilientes y que tienen mejor salud psicológica sean también, en estos grupos, los que mantienen más motivaciones autodeterminadas (Zacharyas y Brunet, 2011).

Conclusión

Nuestra investigación tenía como objetivo identificar las diferencias en salud psicológica entre personas resilientes. A partir de un grupo de docentes quebequeses, llevamos a cabo análisis de perfiles y comparativas de grupos. La gran aportación de esta investigación es la inclusión de dos aspectos de la salud psicológica (bienestar y malestar) y la observación en detalle de distintos factores (intrínsecos a la persona o exteriores) en ellos implicados.

Esto nos ha permitido observar lo que no puede ser observado globalmente. Hemos podido constatar diferencias de confianza en uno mismo, en los recursos propios, en las dificultades para equilibrar vida laboral y familiar, mediante mediciones globales de salud psicológica en tres grupos que manifiestan una resiliencia estadísticamente similar. Estas distinciones corresponden a cuestiones relacionadas con el saber estar y pueden quedar ocultas por un vínculo social superficial. Estos resultados confirman las reflexiones de los profesionales clínicos sobre el efecto de una mala salud psicológica en personas resilientes

Por tanto, hay que ser prudentes en la promoción de la resiliencia y no omitir la percepción de uno mismo. Apostar por la fuerza exterior para perseverar y producir podría ser contraproducente a largo plazo si no se tienen en cuenta las visiones de sí mismo. Esta investigación aporta elementos que permiten enmarcar mejor nuestras intervenciones sobre el terreno. Mantengámonos alerta, ya que lo que no se ve no quiere decir que no exista.

Referencias

Bernshausen, D. y Cunningham, C. (2001). «The role of resiliency in teacher preparation and retention», en *American Association of Colleges for Teacher Education, 53rd annual meeting*, Dallas, Texas.

Bouteyre, É. (2004), *Réussite et résilience scolaires chez l'enfant de migrants*, Dunod, París.

Brien, M.; Brunet, L.; Boudrias, J.-S.; Savoie, A. y Desrumaux, P. (2008). «Santé psychologique au travail et résilience: élaboration d'un instrument de mesure», en Petterson, N.; Boudrias, J.-S. y Savoie, A. (dirs.), *Entre tradition et innovation, comment transformons- nous l'univers de travail?*, (Actas del XV Congreso de la Asociación de psicología del trabajo y de las organizaciones de lengua francesa, 22 de agosto), Quebec.

Brunet, L.; Savoie, A. y Boudrias, J.-S. (2009). «La santé psychologique des enseignants au travail au-delà de la notion du stress», en *InDirect*, vol. 16, págs. 65-75.

Chan, D. W. (2002). «Hardiness and its role in the stressburnout relationship among prospective chinese teachers in Hong Kong», en *Teaching and Teacher Education*, vol. 19, nº 4, págs. 381-395.

Davison, K. M. (2006). *Teacher resilience promotion: A pilotprogram study*, inédito, Wright Institute Graduate School of Psychology, Berkeley.

De Tychey, C. (2001). «Surmonter l'adversité: les fondements dynamiques de la résilience», en *Cahiers de psychologie clinique*, vol. 1, nº 16, págs. 49-68.

Deb, A. y Arora, M. (2011). «Resilience and mental health: A study on adolescents in Varanasi», en *Indian Journal of Health psychology*, vol. 5, nº 2, págs. 69-79.

Dionne-Proulx, J. (1995). «Le stress au travail et ses conséquencespotentielles à long terme: le cas des enseignants québécois», en *Revue canadienne de l'éducation*, vol. 20, nº 2, págs. 146-155.

Fernet, C. (2007). *Le Sentiment d'épuisement professionnel chez les enseignants: une analyse des facteurs contextuels et motivationnelsliés à son évolution au cours d'une année scolaire*, tesis doctoral inédita, Université Laval, Quebec.

Golden, L. y Wiens-Tuers, B. (2008). «Overtime work and wellbeing at home», en *Review of Social Economy*, vol. 66, nº 1, págs. 25-49.

Greenhaus, J. H.; Callanan, G. A. y Godshalh, V. M. (2000). *Career Management*, 3ª ed., Thompson South-Western, Mason, OH.

Hanus, M. (2001). *La Résilience à quel prix? Survivre et rebondir*, Maloine, París.

Harris Lord, J. y O'Brien, K. (2007). «Developing resilience», en *NVAA Foundation-Level Training Curiculum*, Track 1, p. X-1-X-40, Office for victims of crime, Fairfax, VA.

Ilies, R.; Dimotakis, N. y De Pater, I. E. (2010). «Psychological and physiological reactions to high workloads: Implications for well-being», en *Personnel psychology*, vol. 63, págs. 407-436.

Jaoul, G. y Kovess, V. (2004). «Le burn-out dans la profession enseignante», en *Annales médico-psychologiques*, vol. 162, págs. 26-35.

Joubert, N. (2003). *La résilience et la prévention du suicide: se réapproprier la souffrance de l'être et notre quête de bien-être*, 18 de febrero de 2003, Instituto Nacional de Salud Pública de Quebec.

Leroux, M. (2009). Étude des relations entre la résilience d'enseignantes et d'enseignants du primaire œuvrant *en milieux défavorisés et la réflexion sur la pratique*, tesis doctoral inédita, Universidad de Montreal.

Luthar, S. S.; Doernberger, C. H. y Zigler, E. (1993). «Resilience is not a unidimensional construct: Insights from a prospective study of inner-city adolescents», en *Development and psychopathology*, vol. 5, págs. 703-717.

Massé, R.; Poulin, C.; Dassa, C.; Lambert, J.; Bélair, S. y Battaglini, A. (1998a). «Élaboration et validation d'un outil de mesure de la détresse psychologique dans une population non clinique de Québécois francophones», en *Canadian journal of public health*, vol. 89, n° 3, págs. 183-187.

Massé, R.; Poulin, C.; Dassa, C.; Lambert, J.; Bélair, S. y Battaglini, A. (1998b). «Élaboration et validation d'un outil de mesure du bien-être psychologique: l'EMMBEP», en *Revue canadienne de santé publique*, vol. 89, n° 4, págs. 352-357.

Masten, A. S. (2001). «Ordinary magic; resilience processes in development», en *American Psychologist*, vol. 56, n° 3, págs. 227-238.

Masten, A. S. y O'Dougherty Wright, M. (2010). «Resilience over the lifespan: Developmental perspectives on resistance, recovery and transformation», en Reich, J. W.; Zautra, A. J. y Stuart Hall, J., *Handbook of Adult Resilience*, Gilford, Nueva York, págs. 213-237.

Oficina quebequesa de la lengua francesa (2009). *Grand dictionnaire terminologique*, 29 de noviembre de 2009. Disponible en internet en: http://www.granddictionnaire.com/btml/fra/r_motclef/index1024_1.asp. Última consulta: 30 de noviembre de 2009.

Pourtois, J.-P.; Humbeeck, B. y Desmet, H. (2012). *Les Ressources de la résilience*, PUF, París.

Reivich, K. y Shatté, A. (2003). *The Resilience Factor*, Broadway Books, Nueva York.

Richardson, G. E. (2002). «The metatheory of resilience and resiliency», en *Journal of Clinical Psychology*, vol. 58, n° 3, págs. 307-321.

Ryan, R. M. y Deci, E. L. (2000). «Intrinsic and extrinsic motivations: Classic definitions and new directions», en *Contemporary Educational Psychology*, vol. 25, págs. 54-67.

Ryan, R. M. y Deci, E. L. (2000a). «Intrinsic and extrinsic motivations: Classic definitions and new directions», en *Contemporary Educational Psychology*, vol. 25, págs. 54-67.

Ryan, R. M. y Deci, E. L. (2000b). «Self- determination theory and the facilitation of intrincic motivation, social development, and well-being», en *American Psychologist*, vol. 55, n° 1, págs. 68-78.

Savoie, A.; Brunet, L.; Gilbert, M.- H. y Boudrias, J.-S. (2010). «Surenchère de la non- santé psychologique au travail», en *Le Journal des psychologues*, vol. 10, n° 283, págs. 31-34.

Scelles, R. (2002). «Processus de résilience: questions pour le chercheur et le praticien», en J.-L. Bernaud (dir.), *Pratiques psychologiques: la résilience*, 1, Esprit du Temps, París, págs. 1-5.

Smith, B.; Tooley, E. M.; Christopher, P. J. y Kay, V. S. (2010). «Resilience as the ability to bounce back from stress: A neglected personal resource?», en *The Journal of Positive Psychology*, vol. 5, n° 3, págs. 166-176.

Sugden, N. A. (2010). *Relationships Among Teacher Workload, Performance and Well- Being*, tesis doctoral inédita, Walden University, Mineápolis.

Tarter, R. E. y Vanyukov, M. (1999). «Re-visiting the validity of the construct of resilience», en Glantz, M. D. y Johnson, J. L., *Resilience and Development: Positive Life Adaptations*, Kluwer Academic/Plenum Publishers, Nueva York, págs. 85-100.

Théorêt, M.; Garon, R.; Hrimech, M. y Carpentier, A. (2006). «Exploration de la résilience éducationnelle chez des enseignants», en *Review of Education*, vol. 52, págs. 575-598.

Tisseron, S. (2009). *La Résilience*, PUF, París.

Tisseron, S. (2008). «La résilience, à quel prix ?», en *Médecine des maladies métaboliques*, vol. 2, n° 5, págs. 524-527.

Tisseron, S. (2003). «"Résilience" ou la lutte pour la vie», en *Le Monde diplomatique*, agosto de 2003. Disponible en: http://www.monde-diplomatique.fr/2003/08/TISSERON/10348.

Tugade, M. M. y Fredrickson, B. L. (2007). «Regulation of positive emotions: Emotions regulation strategies that promote resilience», en *Journal of Happiness Studies*, vol. 8, págs. 311-333.

Tugade, M. M. y Fredrickson, B. L. (2004). «Resilient individuals use positive emotions to bounce back from negative emotional experiences», en *Journal of Personality and Social Psychology*, vol. 86, nº 2, págs. 320-333.

Virtanen, M.; Ferrie, J. E.; Singh-Manoux, A.; Shipley, M. J.; Stansfeld, S. A.; Marmot, M. G. *et al.* (2011). «Long working hours and symptoms of anxiety and depression: A 5- year follow-up of the Whitehall II Study», en *Psychological medicine*, vol. 41, págs. 2485-2494.

Werner, E. E. (1993). «Risk, resilience and recovery: Perspectives from the Kauai longitudinal study», en *Development and psychopathology*, vol. 5, págs. 503-515.

Zacharyas, C. y Brunet, L. (2011). «La résilience des enseignants: deux types distincts où motivation et bien-être diffèrent», en Desrumaux, P.; Vonthron, A.-M. y Pohl, S., *Qualité de vie, risques et santé au travail*, L'Harmattan, París, págs. 69-79.

Zautra, A. J.; Stuart Hall, J. y Murray, K. E. (2010). «Resilience: A new definition of health for people and communities», en Reich, J. W., Zautra, A. J. y Stuart Hall, J., *Handbook of Adult Resilience*, Gilford, Nueva York, págs. 3-29.

Resiliencia y adversidad en el trabajo en los trabajadores sociales

María de las Olas Palma García,
Isabel Hombrados-Mendieta
y Cristina Villalba-Quesada

Introducción

El trabajo social siempre ha implicado perspectivas de refuerzo y de protección de sus usuarios (Germian, 1990) basadas en ideas como la «resiliencia», el «restablecimiento», la «transformación» y el «potencial» (Sallebey, 1996: 297). Estos planteamientos se centran en la capacidad de los individuos de responder a los problemas de la vida y aceptarlos de forma positiva. Gilgun (1996: 400) afirma que la idea «de resiliencia introduce, en el trabajo social, un lenguaje lleno de conceptos creativos y de ideas que pueden ayudarnos a aumentar nuestro conocimiento y guiar la investigación, los programas sociales, la práctica profesional y las políticas sociales». Esto permite crear un nuevo marco para la investigación que no se limite al uso de programas de intervención, en los que hasta ahora se ha concentrado la investigación en resiliencia en el trabajo social.

Según Baruch y Stutman (2006), la resiliencia es una capacidad ordinaria y universal que todo el mundo puede desarrollar. Los trabajadores sociales también son potencialmente sujetos de resiliencia, lo cual hace necesaria una mejor comprensión de su propia capacidad de resiliencia, ya que estos profesionales también deben enfrentarse a la adversidad durante su trabajo social. En consecuencia, es posible esperar que se puedan identificar las prácticas de base de resiliencia en el trabajo social según su grado de sensibilización y promover cualidades de resiliencia en los mismos trabajadores sociales. Esta línea de investigación debería permitirnos obtener información sobre qué tipo de experiencias son positivas, así como sobre las competencias desarrolladas durante el trabajo social. La toma de consciencia de estas competencias en los trabajadores sociales es esencial ya que estas actitudes, ventajas y experiencias de vida son herramientas que éstos necesitan para hacer bien su trabajo (Lázaro, 2009). En este sentido, los trabajadores sociales son actores importantes en el proceso de intervención y reflejan lo que es pertinente en cuanto a su bienestar.

A lo largo de la última década, el concepto de resiliencia también se ha desarrollado en el marco de la investigación de organizaciones. Wangerg y Banas (2000) analizan la resiliencia como un índice de apertura de los empleados al cambio en su lugar de trabajo. Miden la resiliencia como la combinación de variables de diferencias individuales (autoestima, control percibido y optimismo) extraídas de la teoría de la adaptación cognitiva (Taylor, 1983), que sugiere que los individuos que poseen altos niveles de bienestar muestran altos niveles de resiliencia cuando se ven expuestos a acontecimientos estresantes. En este mismo contexto, la resiliencia de carrera se define como «la capacidad de reintegración profesional después de un contratiempo en la carrera laboral» (Grzeda y Prince, 1997: 172).

En el contexto del trabajo social, los profesionales deben intervenir en situaciones de malestar para individuos, familias, grupos, organizaciones y comunidades. Los trabajadores sociales están implicados en la gestión de conflictos y en la mediación. Debido a la propia naturaleza del trabajo social, estos profesionales corren el riesgo de vivir sus actividades profesionales como una potencial fuente de malestar (por ejemplo: *burnout*, desaliento, desánimo e insatisfacción). La mayor parte de estudios sobre los ámbitos profesionales analizan las consecuencias negativas vinculadas al ejercicio de la profesión, como el estrés o el agotamiento. No obstante, los estudios sobre el *burnout* en los trabajadores sociales muestran un elevado grado de satisfacción en el trabajo y su grado de agotamiento es poco comparado con el de otras profesiones (Collins, 2008; Hombrados-Mendieta y Cosano, 2011). Así, las condiciones de trabajo de los profesionales pueden considerarse como lugares, contextos y actividades que ofrecen ocasiones para superar desafíos, aumentar su capacidad de adaptación y vivir emociones positivas. Todo ello también ofrece muchas posibilidades de respuestas resilientes (Menezes *et al.*, 2006).

La resiliencia es un «proceso dinámico de adaptación positiva en un contexto de adversidad significativa» (Luthar, Cicchetti y Becker, 2000: 543). Este concepto describe la capacidad de un individuo, una familia o una comunidad para hacer frente a la adversidad, sea esta personal, social o laboral. Es un proceso dinámico que se desarrolla durante un tiempo y puede evolucionar de acuerdo con los períodos o las circunstancias. Según Grotberg (1995), la resiliencia se desarrolla mediante los recursos de apoyo que una persona adquiere durante su vida y su experiencia profesional. Grotbert (1994) define estos recursos en términos de *Yo soy* —basados en la fuerza interior—, *Yo puedo* enfrentarme a los conflictos y resolverlos, y *Yo tengo* un apoyo exterior que me apoya con sus consejos. Estos factores de resiliencia pueden reforzarse de forma individual, pero en circunstancias negativas deben combinarse para hacer posible una respuesta resiliente integrada. El comportamiento resiliente surge más bien de una combinación particular de estos factores de protección que de su mera acumulación.

Este estudio examina la capacidad de resiliencia en los trabajadores sociales, analizando en ellos la presencia de factores de resiliencia (competencia personal, aceptación y apoyo social) y su relación con la adversidad cuando ésta aparece en su práctica profesional y su lugar de trabajo. Al adoptar esta perspectiva teórica, formulamos la hipótesis de que los trabajadores sociales son profesionales que poseen altos niveles de resiliencia según los tres factores examinados (competencia personal, aceptación y apoyo social) y que su resiliencia se asocia positivamente a su capacidad de hacer frente a la adversidad durante su práctica profesional cotidiana.

Método

Participantes

La muestra está compuesta por 366 individuos: 304 trabajadores sociales y 62 trabajadores que tienen diversas profesiones, todos ellos de Málaga (España).

Los trabajadores sociales han sido elegidos entre los miembros de la Asociación de Diplomados en Trabajo Social de Málaga (N = 1.570), mediante un muestreo aleatorio limitado, con un nivel de confianza del 95% y una tasa de error del 5%. El muestreo final es proporcional en cuanto a género, edad, marco de trabajo y experiencia profesional, y representativo de los trabajadores sociales de Málaga. La edad media es de 39 años (SD = 9,15); el 86% son mujeres y el 14% hombres. Son principalmente trabajadores de los servicios sociales (52%), organizaciones sociales (14%), sanidad pública (12%) o de otros ámbitos (7%).

Instrumentos

La resiliencia se ha medido según el modelo propuesto por Grotberg (1995), con un instrumento constituido de tres subescalas: *Yo puedo*, *Yo soy*, y *Yo tengo*. Las dos primeras tomadas de la escala de resiliencia (RS, *resilience scale*) (Wagnild y Young, 1993). Esta consta de 17 puntos que se refieren al *Yo puedo* —competencia personal— y de 8 puntos relacionados con el *Yo soy* —aceptación de uno mismo y de la vida—. La tercera subescala —el apoyo social, con 5 puntos— se refiere al *Yo tengo* y evalúa el apoyo exterior recibido y percibido, y fue elaborada especialmente para un estudio anterior (Dash, Dayal y Laksminarayana, 2006). Finalmente, una cuarta subescala, con 5 puntos —la adaptación frente a la adversidad en el trabajo—, fue creada para analizar el vínculo entre la resiliencia, las experiencias difíciles y la adversidad en el trabajo, y pregunta a los trabajadores sociales sobre las dificultades percibidas en el marco laboral (Palma, 2010) (véase tabla 1).

Este instrumento global (cuatro subescalas) consta de 35 puntos y mide el nivel de acuerdo y de desacuerdo con estas dimensiones según la escala de 7 puntos de Likert: (1 = total desacuerdo, 7 = totalmente de acuerdo), el coeficiente alfa de Cronbach era respectivamente para cada subescala de 0,86; 0,72; 0,85 y 0,75.

Tabla 1. Adaptación de los trabajadores sociales frente
a la adversidad en el trabajo

Pienso que el trabajo social es una profesión en la que uno se encuentra constantemente con dificultades.
Me enfrento constantemente a nuevos desafíos profesionales.
Me falta reconocimiento en el trabajo
He tenido que tomar decisiones difíciles en el trabajo
Me resulta imposible hacer mi trabajo social como yo lo entiendo y como yo desearía

Procedimiento

El cuestionario fue distribuido a los trabajadores sociales, en colaboración con la Asociación de Diplomados en Trabajo Social de Málaga, por responsables de las administraciones públicas o de organizaciones sociales en las que trabajan. El grupo de control integrado por profesionales de otras disciplinas (médicos, enfermeros, docentes, agentes comerciales) había sido identificado y se les administró el cuestionario al azar entre las distintas profesiones, en colaboración con los estudiantes de trabajo social de la Universidad de Málaga.

Resultados

Para el análisis de los datos, utilizamos el programa estadístico SPSS.15.

El primer análisis de dichos resultados muestra diferencias de resiliencia entre los trabajadores sociales y otros profesionales. Primero, en la variable del género, los resultados no muestran ninguna diferencia significativa de competencias entre los participantes [F (1,355) = 0,09; p = 0,75], aunque las medias sean superiores para los trabajadores sociales mujeres. Respecto a la dimensión de la aceptación, no encontramos ninguna diferencia significativa entre sexos entre los profesionales del trabajo social y los demás, aunque, de nuevo, las mujeres trabajadoras sociales obtienen resultados más altos en esta variable [F (1,355) = 0,63; p = 0,22]. En cuanto a la percepción del apoyo social, encontramos también diferencias según los sexos entre los trabajadores sociales y otras profesiones [F (1,355) = 0,21; p = 0,52], siendo estas medias más importantes en las mujeres trabajadoras sociales (véase tabla 2).

Además, estos resultados muestran que hay diferencias significativas en cuanto al nivel de las competencias personales [F (1,358) = 7,38; p = 0,005] y la aceptación de uno mismo y de la vida [F (1,362) = 7,38; p = 0,001], en la que los trabajadores sociales obtienen mejores resultados. No obstante, no hay diferencias de nivel significativas en el apoyo social [F (1,364) = 0,63; p = 0,042], aunque, también en este caso, los trabajadores sociales obtienen mejores resultados en términos medios.

La correlación de Pearson se utilizó para determinar la relación entre los elementos de la resiliencia en los trabajadores sociales (competencia, aceptación y apoyo social) y la capacidad de hacer frente a la adversidad y a los problemas en el trabajo (véase tabla 3). Los resultados muestran que el aumento de la percepción de la adversidad y de las dificultades en el entorno laboral está vinculado con el aumento de las competencias personales (r = 0,29), así como con el aumento de la aceptación de la vida y de uno mismo (r = 0,17), pero que esto no tiene relación alguna con la percepción del apoyo social.

Tabla 2. Medianas y desviaciones tipo de resiliencia entre trabajadores sociales hombres y mujeres, y otros trabajadores

	Sexo	Profesión	M	SD	N
Competencia	Hombres	Trabajadores sociales	5,29	0,54	49
		Otros profesionales	5,12	0,74	40
		Total	5,21	0,64	89
	Total	Trabajadores sociales	5,42	0,56	300
		Otros profesionales	5,19	0,73	59
		Total	5,38	0,60	359
Aceptación	Hombres	Trabajadores sociales	5,03	0,65	49
		Otros profesionales	5,01	0,79	40
		Total	5,02	0,71	89
	Mujeres	Trabajadores sociales	5,22	0,61	251
		Otros profesionales	4,95	0,78	19
		Total	5,20	0,63	270
	Total	Trabajadores sociales	5,19	0,62	300
		Otros profesionales	4,99	0,78	59
		Total	5,16	0,65	359
Apoyo social	Hombres	Trabajadores sociales	5,79	0,91	49
		Otros profesionales	5,91	0,75	40
		Total	5,84	0,84	89
	Mujeres	Trabajadores sociales	6,06	0,69	251
		Otros profesionales	6,03	0,62	19
		Total	6,05	0,68	270
	Total	Trabajadores sociales	6,01	0,73	300
		Otros profesionales	5,95	0,71	59
		Total	6,00	0,73	359

Discusión

El desarrollo de la resiliencia implica la convergencia de elementos distintos: la presencia y la intensidad de los factores de resiliencia, la exposición a la adversidad y su interacción. Por consiguiente, para que el trabajo social se convierta en fuente de

Tabla 3. Correlaciones entre la resiliencia y confrontación con la adversidad

		HACER FRENTE A LA ADVERSIDAD EN EL TRABAJO
Competencia	Correlación de Pearson	0,293*
	Significación (bilateral)	0,000
	N	280
Aceptación	Correlación de Pearson	0,173*
	Significación (bilateral)	0,003
	N	284
Apoyo social	Correlación de Pearson	0,065
	Significación (bilateral)	0,272
	N	284

* La correlación es significativa a 0,01 (bilateral).

un desarrollo de resiliencia, no sólo deben identificarse los factores de resiliencia, sino que también deben conocerse los procesos de su interacción y las adversidades vividas durante la práctica profesional cotidiana.

En conformidad con los objetivos del estudio, los resultados describen al grupo de trabajadores sociales como profesionales resilientes. Esta conclusión —coincidente con los resultados aportados por Weinberg y Bananas (2000) que describen la resiliencia como un índice de adaptación a las modificaciones en el lugar de trabajo— presenta el contexto profesional del trabajo social como un ámbito de gran interés para la investigación. En esta perspectiva, otros equipos ya han empezado investigaciones sobre la resiliencia en los profesionales del trabajo social y también en las mujeres pioneras del trabajo social (Cordero, 2009); esto pone de manifiesto la importancia de la continuidad en esta línea de investigación y de una identificación más decidida de las cualidades de resiliencia relacionadas con la actividad profesional de los trabajadores sociales, con el fin de prever la promoción de estas capacidades en su formación.

Recientes estudios sobre los trabajadores sociales españoles los presentan como poseedores de un alto nivel de satisfacción profesional, aunque evolucionan en un marco en el que puede haber problemas y dificultades cada día (por ejemplo, Brezmes, 2008). Según estos estudios, nuestros datos muestran que la capacidad de hacer frente a la adversidad en el trabajo en los trabajadores sociales se asocia positivamente a la resiliencia, particularmente gracias a su aceptación de sí mismos y de su vida, así como también gracias a su competencia personal. Estas capacidades están relacionadas con el *Yo soy* (aceptación), aspecto en el que las fuerzas interiores están al servicio del trabajo social, y con los factores asociados al *Yo puedo* (competencia). No obstante, no hemos podido encontrar una asociación parecida entre la capacidad de hacer frente a la adversidad y los factores relacionados con el *Yo tengo*, siendo este último un factor menos desarrollado en los trabajadores sociales. El apoyo social de los trabajadores sociales parece inadecuado, pero esta variable ha sido estudiada tan sólo como una variable secundaria.

En conclusión, nuestras investigaciones muestran que la adversidad cotidiana vivida por los trabajadores sociales en su práctica directa no es sólo una fuente de malestar, sino que puede ofrecerles una oportunidad para ser más fuertes y desarrollar respuestas y procesos de resiliencia. Los trabajadores sociales están constantemente expuestos a dificultades inherentes al sistema mismo de organización, a los riesgos y adversidades relacionados con los usuarios, a la falta de recursos y de apoyo, a cuestiones éticas, etcétera. Deben escuchar, evaluar y entender los problemas de cierto número de personas y de familias y, a veces, no tienen el apoyo suficiente de su equipo o sus superiores. No obstante, estas actividades profesionales —a condición de que se tengan competencias, autoestima, motivación, una buena atmósfera de trabajo, aceptación y apoyo social— pueden permitir a los trabajadores sociales desarrollar respuestas resilientes y ser capaces de hacer frente a las dificultades.

De acuerdo con Menezes *et al.* (2006) y Villalba (2011), nuestros resultados confirman que la adversidad puede ser vista ciertamente como fuente de malestar, pero que también se puede usar para ser más fuerte y más resiliente, tal como se ha observado en los trabajadores sociales. Estos resultados también confirman la pertinencia de esta línea de investigación en el campo del trabajo social y la necesidad de investigar las características de la resiliencia en los trabajadores sociales, con el fin de desarrollar formaciones específicas durante el primer y segundo ciclo universitario, así como para desarrollar estas capacidades durante su práctica profesional.

Antes de generalizar estos resultados, debemos tener en cuenta ciertos límites de nuestro estudio. Estos resultados no pueden reflejar exactamente la forma en que estas variables interactúan fuera de España. En consecuencia, sería interesante reproducir estos estudios en otros países. Otro límite es la cuestión de la representatividad de nuestra muestra de trabajadores de otros ámbitos profesionales; aunque esto no tenga relación directa con nuestro estudio, un trabajo futuro debería emplear una muestra más grande.

Referencias

Baruch, R. y Stutman, S. (2006). «El yin y el yan de la resiliencia», en Grotberg, E. (dir.), *La Resiliencia en el mundo de hoy*, Barcelona, Editorial Gedisa, págs. 59-90.

Collins, S. (2008). «Statutory social workers: Stress, job satisfaction, coping, social support and individual differences», en *British Journal of Social Work*, vol. 38, nº 6, págs. 1173-1193.

Cordero, N. (2009). Ética y Discursos en Trabajo Social. Las Pioneras de la profesión en Sevilla, tesis doctoral inédita, Universidad de Sevilla, Sevilla.

Dash, S.; Dayal, A. y Laksminarayana, R. (2006). «Measuring resiliency in two states in India: The development of a valid and reliable instrument», en Prewitt, J. (dir.), *Advances in Disaster Mental Health and Psychological Support*, Voluntary Health Association of India Press, s/l, págs. 145-152.

Germain, C. (1990). «Life forces and the anatomy of practice», en *Smith College Studies in Social Work*, vol. 60, págs. 138-152.

Gilgun, J. (1996). «Human development and adversity in ecological perspective, 1: A conceptual framework», en *Families in Society*, vol. 77, págs. 395-402.

Grotberg, E. (1995). *A guide to Promoting Resilience in Children: Strengthening the Human Spirit*, Bernard van Leer Foundation, La Haya.

Grzeda, M. y Prince, J. (1997). «Career motivation measures: A test of convergent discriminant validity», en *International Journal of HRM*, vol. 8, nº 3, págs. 172-196.

Hombrados-Mendieta, I. y Cosano, F. (2011). «Burnout, workplace support, job satisfaction and life satisfaction among social workers in Spain: A structural equation model», en *International Social Work*, marzo de 2013, vol. 56, nº 2, págs. 228-246. Primera publicación el 2 de diciembre de 2011 bajo la referencia: 10.1177/0020872811421620, págs. 1-19.

Lázaro, S. (2009). «El gusto por el autocuidado y la búsqueda de estímulos, motivación y placer en el ejercicio profesional», en *XI Congreso Estatal de Trabajo Social*, mayo de 2009, Zaragoza.

Luthar, S.; Cicchetti, D. y Becker, B. (2000). «The construct of resilience: A critical evaluation and guidelines for future work», en *Child Development*, 71 (3), págs. 543-562.

Menezes de Lucena, V.; Fernández, B.; Hernández, L.; Ramos, F. y Contador, I. (2006). «Resiliencia y el modelo Burnout-Engagement en cuidadores formales de ancianos», en *Psicothema*, vol. 18, nº 4, págs. 791-796.

Palma, M. (2010). *La resiliencia en Trabajo Social*, tesis doctoral inédita bajo la dirección de Hombrados-Mendieta, I., Universidad de Málaga.

Saleeby, D. (1996). «The strengths perspective in social work practice: Extensions and cautions», en *Social Work*, vol. 4, págs. 296-305.

Taylor, S. (1983). «Adjustment to threatening events: A theory of cognitive adaptation», en *American Psychologist*, vol. 38, n° 11, págs. 1161-1173.

Villalba, C. (2011). «El concepto de resiliencia en trabajo social», en Cordero, G.; Cordero, N. y Fernández, I. (dirs.), *El Mosaico de la Intervención Social. Métodos y Conceptos en Trabajo Social*, Aconcagua Libros, Sevilla, págs. 275-294.

Wagnild, G. y Young, H. (1993). «Development and psychometric evaluation of the Resilience Scale», en *Journal of Nursing Measurement*, vol. 1, págs. 165-178.

Wanberg, C. y Banas, J. (2000). «Predictors and outcomes of openness to changes in a reorganizing workplace», en *Journal of Applied Psychology*, vol. 85, n° 1, págs. 132-142.

Conclusiones

Marie Anaut y Boris Cyrulnik

¡Qué buena idea organizar un congreso mundial sobre la resiliencia!

Es necesario favorecer los encuentros entre los investigadores esparcidos por el planeta. Es apasionante participar en la elaboración de un concepto. Este I Congreso Mundial sobre la Resiliencia, titulado *De la investigación a la práctica*, ha sido todo un éxito. Representantes de 24 países han venido a París para exponer sus líneas de investigación y descubrir las de otros.

Las conferencias que se han presentado en esta obra corresponden a una parte de las investigaciones y de los testimonios que, debido a su diversidad y complementariedad, han contribuido significativamente al éxito del I Congreso Mundial sobre la Resiliencia.[1] En conjunto, se trata de investigaciones de terapeutas y de centros de investigación en ciencias sociales. Por supuesto, ha habido algunas publicaciones de investigadores de laboratorio, pero la mayoría de las intervenciones se basan en estudios sobre el terreno. Cada una de estas dos actitudes epistemológicas implica recogidas de datos distintas. En el primer caso (las ciencias sociales), lo importante es el vínculo en-

---

1. Otros textos se han publicado [en francés] en la obra Cyrulnik, B. y Jorland, G. (dirs.), *Résilience, connaissances de base*, Odile Jacob, París, 2012.

tre los terapeutas y las personas, mientras que, en el segundo caso, el reduccionismo científico indica el camino a seguir.

El estudio de las sustancias del estrés ha sido objeto de una clasificación (cortisol, norepinefrina, serotonina, dopamina). Los neurobiólogos han añadido recientemente el descubrimiento del neuropéptido Y y de la galanina. La mayor parte de los oradores no biologicistas sabían que estas determinantes neurobiológicas existen, pero no las han necesitado para sus exposiciones. Lo que es nuevo, desde la óptica de la teoría de la resiliencia, es que estas determinantes biológicas son el resultado de la organización del entorno. Las mediciones y los experimentos esclarecen la epigénesis (la forma que tiene el entorno de modificar la construcción de un organismo y los efectos de las sustancias).

Prácticamente, todas las conferencias son producto de las investigaciones sobre el terreno y han subrayado diversos aspectos:

- La importancia de las interacciones precoces, durante los primeros años de vida, antes de la adquisición de la palabra.
- El funcionamiento de las familias, que pueden facilitar el proceso de resiliencia o dificultarlo.
- Las estructuras sociales y culturales como la escuela o las instituciones educativas, sanitarias y culturales, que apuntalan los desarrollos resilientes o los impiden.

El encuentro entre investigadores ha mostrado que, a pesar de la diversidad, en conjunto hay mucho en lo que se está de acuerdo, algunas nociones que habrá que precisar y algunos desacuerdos.

El estudio científico de la resiliencia empezó durante los años 1960-1970, pero no se desarrolló de verdad hasta los últimos 20 años, en concreto desde principios del siglo XXI. Desde entonces, la resiliencia constituye un gran éxito universitario.

El entusiasmo por este concepto ha animado a muchos investigadores de disciplinas conexas a trabajar sobre perspectivas a veces divergentes de la resiliencia. Hoy en día, las tesis doctorales que tratan sobre la resiliencia se cuentan por millares: medicina, psicología, psiquiatría o incluso sociología y ciencias de la educación (por mencionar sólo las disciplinas más representativas de esta corriente). De igual modo, la extraordinaria abundancia de publicaciones, artículos y obras científicas que tratan la resiliencia es asombrosa.[2]

Esta nueva actitud que busca descubrir las condiciones que permiten volver a vivir después de la agonía psíquica de un trauma es objeto de estudio en muchos países. Ello no impide trazar una cartografía interesante: Estados Unidos, Quebec e Inglaterra son los que más publican. La mayor parte de equipos trabajan desde el mismo punto de vista, pero algunos aún hablan de «calidades de resiliencia», idea que ha sido combatida y rechazada desde las primeras reuniones del congreso.

Hay que mencionar algunos investigadores aislados en la India, China y Sudáfrica. Brasil se orienta hacia la «resiliencia cerebral» y la asocia a los efectos de resiliencia de las autobiografías, relatos y producciones culturales (música, deporte y literatura). Esta cartografía muestra la constitución de grupos de investigación que se especializan en su ámbito de preferencia con hipótesis y métodos comunes.

Los militares de distintos países tienen una formación obligatoria en resiliencia, ya que las guerras modernas asimétricas matan menos sobre el terreno, pero producen más síndromes pos-

---

2. Luthar, S. S., «Resilience in development: A synthesis of research across five decades», en Cicchetti, D. y Cohen, D. (dirs.), *Developmental Psychopathology: Risk, Disorder, and Adaptation*, John Wiley & Sons, Nueva York, 2006, págs. 739-795.

traumáticos. En sus recomendaciones, asocian los factores de protección que pueden impedir la aparición de un síndrome psicotraumático con los factores de resiliencia que ayudan a deshacerse del mismo. Los trabajos sobre resiliencia urbana (ecología física y relaciones humanas) se desarrollan en las prefecturas que, con ocasión de catástrofes naturales o sociales, deben desarrollar proyectos de salvamento de la población. Los subgrupos traumatizados que han recibido apoyo y se han implicado físicamente en la acción contra la catástrofe sufren mucho menos los trastornos psíquicos que los grupos abandonados o los que se han convertido en pasivos debido a una ayuda que los *desresponsabiliza* haciéndolo todo en su lugar.

Las investigaciones en ámbitos heterogéneos (biología, música, afectividad, acción, etcétera) sólo pueden conservar su coherencia dentro de un razonamiento sistémico. Para la teoría de la resiliencia, es adecuado un razonamiento que integra datos heterogéneos para funcionar.

Pero los que se contentan con causalidades lineales a veces tienen problemas para sostener un razonamiento sistémico ¿Es la resiliencia genética o proviene del entorno? Dicen: ¿cómo podéis aplicar un concepto venido de la física, del cálculo de la fuerza restituida por una barra de hierro que ha recibido un golpe y que casi recupera su forma inicial, con un fenómeno inmaterial psíquico? El poder de las metáforas es tal que ayuda a entender un concepto, a condición de no ser *psicorrígido* y de contextualizar. Nadie se equivoca cuando lee: «Las gallinas del convento incuban» [*Les poules du couvent couvent*]. Estas dos palabras idénticas [en francés] puestas en la misma frase designan cosas distintas. Nadie se confunde cuando se emplea una metáfora de la construcción para decir que un niño tiene buenos cimientos. Cuando se dice que una pintura es sublime, nadie piensa en el fenómeno físico-químico de la sublimación. Cuando hablamos de mecanismos de defensa, nadie piensa en el ejército; y cuando hablamos de depresión, nadie piensa que se trata de un término meteorológico. Por este motivo, durante el congreso, los trabajos sobre la resiliencia familiar y escolar no se contradecían ya que, en este ámbito, las causalidades lineales únicas son prácticamente imposibles.

Nuestros desacuerdos han surgido en torno al fenómeno de la adaptación, del cual muchos dicen que es un factor de resiliencia, mientras que otros, provenientes del psicoanálisis, piensan que los mecanismos de defensa son adaptaciones costosas y psicopatológicas.

Durante este congreso, las conferencias han abordado ámbitos aún poco desarrollados, como la *resiliencia de las personas mayores* o incluso la *resiliencia social*, y también el análisis de los factores de protección de los sujetos. Estos estudios corresponden a fenómenos de sociedad muy contemporáneos. Así, el envejecimiento de la población es algo de gran actualidad, al igual que los problemas planteados por los desplazamientos de población —y tantos otros temas de estudio que se precisarán durante un próximo congreso—.

Este congreso también ha planteado algunos puntos débiles de la teoría de la resiliencia. Es necesario trabajar en equipo, compartir las tareas para evaluar los procesos, pero no todo el mundo sabe trabajar en equipo. Es más fácil seguir solo el camino. El «trauma» y la «resiliencia» son dos conceptos tan bien establecidos en la cultura que su uso abusivo corre el riesgo de diluirlo. «Me he mudado este año, esto me ha traumatizado» es una frase que se oye, pero que no habla en absoluto de un trauma. «Sé un poco resiliente», se le dice a un niño cuando llora; pero esto no tiene nada que ver con la resiliencia. Cuando un concepto es bien acogido en la cultura, existe el riesgo de dilución semántica y de vaciamiento del sentido. La genética y el psicoanálisis también han vivido este éxito desnaturalizado. La noción de programa genético es un sinsentido, dicen los genéticos. El trauma, que alimenta al psicoanálisis, a veces impide el descubrimiento del inconsciente. Decir «está traumatizado» es una explicación cegadora.

¿Hay que recordar que la resiliencia es un proceso, no reducible a un estado, que se apuntala con recursos individuales del sujeto, pero contextualizados con los del ecosistema psicoafectivo y social en el que éste evoluciona? Dicho de otro modo, es un proceso transaccional que se alimenta no sólo de las características propias del individuo, sino también de los recursos ofrecidos por las condiciones singulares de su contexto relacional, con las dimensiones afectivas y socioculturales que participan en su aparición. Por tanto, no existe una resiliencia, sino más bien múltiples procesos, lo cual demuestra la riqueza creativa de los seres humanos frente a situaciones de adversidad.

También hay que recordar que, aunque ciertos sujetos desarrollen espontáneamente o naturalmente un proceso de resiliencia, otros necesitan ayuda o acompañamiento en el camino. Por este motivo, lo que nos enseñan los individuos resilientes o los grupos (familias, comunidades) no sólo permite entender los fenómenos relacionados con la resiliencia, sino sobre todo instruirnos sobre las formas posibles de acompañamiento. En el ámbito de las prácticas clínicas sobre el terreno, la perspectiva de la resiliencia conduce a los profesionales a desarrollar métodos de acompañamiento de personas en situación de riesgo grave, creando marcos de intervención con el objetivo de prevenir o reducir el impacto de los riesgos. Serban Ionescu ha propuesto el término de «resiliencia asistida»[3] para designar este campo

---

3. Ionescu, S., *Traité de résilience assistée*, PUF, París, 2011.

de investigación y de práctica que se pregunta por los sistemas tradicionales de cuidado de las personas o grupos confrontados con el trauma.

Además, la necesidad de delimitar las perspectivas metodológicas cuyo objetivo es la evaluación de los procesos de resiliencia ha dado lugar a la construcción de muchas herramientas,[4] casi siempre en forma de cuestionarios (*resilience scale*), que están destinadas a indagar sobre la resiliencia en las distintas edades de la vida: niños, adolescentes, adultos, mayores. Pero han surgido muchos otros métodos de evaluación de los criterios de resiliencia (como el Rorschach). También en este caso, la diversidad teórica y metodológica de estas herramientas —y, sobre todo, las referencias heterogéneas en la consideración de los criterios de resiliencia— merece ser analizada y precisada.

Podemos asegurar que la perspectiva de la resiliencia ha insuflado vida a las investigaciones y prácticas sobre el terreno en contextos muy diversos. No obstante, puesto que hace referencia a fenómenos múltiples, el concepto muestra su riqueza y su poder tanto como su fragilidad. Por este motivo, como todo concepto de moda, a veces tiene su reverso y corre el riesgo de convertirse en un comodín que pierda su consistencia. De todos modos, el concepto de resiliencia como fenómeno dinámico y compuesto sólo puede ganar congruencia gracias a las nuevas investigaciones que no cesan de llevarse a cabo en todo el mundo. La comparación y el diálogo entre investigaciones son necesarios para definir y precisar los numerosos campos de investigación y de práctica que, en los ámbitos de la salud y

---

4. Windle, G.; Bennett, K. y Noyes, J., «A methodological review of resilience measurement scales», en Windle *et al.*, *Health and Quality of Life Outcomes*, vol. 9, n° 8, 2011, págs. 2-18.

de las ciencias sociales, se interesan, por ejemplo, por las personas traumatizadas, con discapacidad, en situación de gran adversidad y de precariedad social, etcétera.

Este I Congreso Mundial sobre la Resiliencia, *De la investigación a la práctica*, muestra el interés de los investigadores por este punto de vista y los avances que se han hecho desde la aparición de este concepto en el campo de las ciencias humanas y sociales. Aún quedan por consolidar cierto número de bases conceptuales que ya han evolucionado mucho durante los últimos decenios.[5] Hoy en día, se adivina un nuevo impulso surgido de las perspectivas pluridisciplinares que integran las aportaciones de la neurología y permiten basar las dimensiones científicas y biológicas en observaciones clínicas y sociales. La aparición de la perspectiva de la resiliencia neuronal, al poner el acento en la plasticidad del cerebro, aporta una nueva mirada sobre el desarrollo del ser humano y tiende a explicar cómo interaccionan los genes y la experiencia.

Tenemos que darnos cita ya para el próximo Congreso Mundial sobre la Resiliencia, en Rumanía, en Timisoara, del 8 al 10 de mayo de 2014, para responder a estas cuestiones, identificar nuevos problemas y, sobre todo, animar al encuentro y a tejer vínculos, ya que en la amistad se encuentra el mejor terreno para la reflexión y la investigación.

---

5. Cyrulnik, B. y Jorland, G. (dirs.), *Résilience, connaissances de base*, Odile Jacob, París, 2012.

Sobre los autores

Marie Anaut es psicóloga clínica y psicoterapeuta familiar. Es profesora de la Universidad Lyon-II.

Luc Brunet es profesor titular en la Universidad de Montreal. Enseña en el Departamento de Psicología del Trabajo y de las Organizaciones, y colabora en distintos proyectos vinculados con la salud organizacional.

Antonio Caballer Miedes es profesor del Departamento de Psicología Evolutiva, Educativa, Social y Metodología de la Universidad Jaume I de Castellón, en España.

Boris Cyrulnik es neuropsiquiatra y director de enseñanza en la Universidad de Toulon.

Jennifer Denis es psicólogo clínico y psicoterapeuta analítico. Actualmente prepara una tesis doctoral dentro del Servicio de Psicología Clínica Sistémica y Psicodinámica de la Universidad de Mons, en Bélgica.

Raquel Flores Buils es profesora del Departamento de Psicología Evolutiva, Educativa, Social y Metodología de la Universidad Jaume I de Castellón, en España.

Mónica García Renedo es psicóloga del Observatorio Psicosocial de Recursos en Situaciones Catastróficas (OPSIDE), Universidad Jaume I, Castellón, España.

José Manuel Gil Beltrán es profesor del Departamento de Psicología Evolutiva, Educativa, Social y Metodología de la Universidad Jaume I de Castellón, en España.

Stephan Hendrick es doctor en Psicología, psicólogo clínico y psicoterapeuta. Dirige desde 2011 el Servicio de Psicología Clínica Sistémica y Psicodinámica de la Universidad de Mons, en Bélgica.

Isabel Hombrados-Mendieta es profesora asociada del Departamento de Psicología Social, Antropología Social, Trabajo Social y Servicios Sociales de la Universidad de Málaga, en España.

Rosa Mateu Pérez es profesora de Didáctica y Organización Escolar del Departamento de Educación de la Universidad Jaume I de Castellón, en España.

María de las Olas Palma García es profesora asociada del Departamento de Psicología Social, Antropología Social, Trabajo Social y Servicios Sociales de la Universidad de Málaga, en España.

Cristina Villalba-Quesada es psicóloga y asistente de los servicios sociales. También es profesora del Departamento de Asistencia Social y Servicios Sociales de la Universidad Pablo de Olavide de Sevilla, en España.

Corinne Zacharyas es doctoranda en Psicología de la Universidad de Montreal en el Departamento de Psicología del Trabajo y de las Organizaciones. Dirige desde hace más de 10 años una organización que pone en práctica la resiliencia, la Approche ECHO.

g